我们一起解决问题

· AI应用实战丛书·

玩转 ChatGPT

秒变AI论文写作高手

唐振伟◎编著

人民邮电出版社
北京

图书在版编目（CIP）数据

玩转ChatGPT. 秒变AI论文写作高手 / 唐振伟编著. — 北京：人民邮电出版社，2024.1
（AI应用实战丛书）
ISBN 978-7-115-63306-4

Ⅰ. ①玩… Ⅱ. ①唐… Ⅲ. ①计算机应用－写作 Ⅳ. ①H05-39

中国国家版本馆CIP数据核字(2023)第239831号

内 容 提 要

人工智能技术已经渗透到人类生活和工作的方方面面，ChatGPT作为一种人工智能文字处理工具，现在已经被广泛地应用于各类文章写作等众多领域。接受和拥抱人工智能是每一个人都要面对的必然选择。

本书作者非常全面地介绍了用户如何用ChatGPT写出高质量的论文，重点介绍了ChatGPT在本科论文、硕士论文、博士论文、科研论文、职称评定论文、项目申报论文六大类论文写作中的具体应用。本书最大的特点是使用了大量的案例来展示ChatGPT的实际运用，包括具体的使用方法和技巧。书中的案例不仅数量庞大，而且逻辑严谨、结构完整，更重要的是说明简洁、精准。本书可以帮助读者快速掌握用ChatGPT写作论文的方法和技巧。

本书适合大学本科、硕士、博士等学生，以及各类科研工作者阅读和参考；对绝大多数有论文写作任务和需求的读者来说，这本书也是不可多得的论文写作实用指南。

◆ 编　著　唐振伟
　　责任编辑　贾淑艳
　　责任印制　彭志环

◆ 人民邮电出版社出版发行　北京市丰台区成寿寺路11号
邮编 100264　电子邮件 315@ptpress.com.cn
网址 https://www.ptpress.com.cn
北京捷迅佳彩印刷有限公司印刷

◆ 开本：880×1230　1/32
印张：9.5　　　　　　　　2024年1月第1版
字数：220千字　　　　　　2024年12月北京第9次印刷

定　价：59.80元

读者服务热线：（010）81055656　印装质量热线：（010）81055316
反盗版热线：（010）81055315
广告经营许可证：京东市监广登字20170147号

推荐序 1
ChatGPT：驾驭信息海洋，智慧引领未来

在当下信息爆炸的时代，每个人都面临着信息过载的挑战。为了应对这一挑战，我们迫切需要一种工具帮助我们过滤海量信息，以使我们能够集中注意力于核心问题，并迅速准确地找到答案。

ChatGPT 正是这样一种强大的工具，它的问世和快速发展已经在众多领域产生了重要的影响和革命性的变革，不仅极大地提高了工作效率，还改变了问题解决的方式，释放了人工智能无限的创造力。

作为 OpenAI 团队开发的一个自然语言处理大模型，ChatGPT 基于深度学习技术和大规模的训练数据，能够理解人类语言并生成连贯、智能的回答。这项技术正在悄然改变我们的生活与工作。

对大多数大学生、研究生和科研人员而言，论文写作都是一个高难度的任务；如何提高论文写作的效率和质量，让论文更具创新性和价值，更是摆在他们面前的巨大挑战。

ChatGPT 拥有强大的自然语言理解和生成功能，可以为论文写作提供极大的帮助。换句话说，ChatGPT 可以助力我们快速成为论文写作高手。这本书展示了 ChatGPT 在论文写作应用领域的强大功能。书中详细介绍了在使用 ChatGPT 的过程中如何正确提问，

如何利用 ChatGPT 快速找到所需信息,如何优化论文的结构和内容,提高语言表达能力,以及如何帮助论文作者在投稿过程中获得成功。

本书展示了 ChatGPT 在论文写作领域的广泛应用,并提供了实用的指导和策略。无论你是大学生、研究生还是科研人员,这本书都会成为你论文写作过程中不可或缺的参考书。

当然,我们必须保持头脑清醒,充分认识到技术的局限性,避免过度依赖 ChatGPT 或其他人工智能技术。科技是为人类服务的工具,而非取代人类思维的存在。

未来,ChatGPT 将与其他人工智能工具共同成为我们生活和工作的伴侣,助力我们高效工作,创造更美好的未来。

让我们一起拥抱人工智能,高效、高质、高能地工作与生活吧!

郑吉敏

去哪儿旅行 技术总监、

业务架构 SIG 负责人、人工智能委员会常委

推荐序 2

作为一名资深人工智能专家,我有幸为唐振伟先生的新作《玩转 ChatGPT:秒变 AI 论文写作高手》撰写推荐序。在这个知识爆炸的时代,论文写作已经成为许多人职业生涯中不可或缺的一部分。不论是学术研究,还是职业发展,高质量的论文写作能力都至关重要。然而,对于许多人来说,论文写作仍是一个极具挑战的任务。

本书是一部综合性的论文写作指南,旨在帮助各类读者,学会充分利用 ChatGPT 这一强大的人工智能工具,提高论文写作的效率和质量。通过具体案例的分析和总结,本书提供了实用的建议和策略,涵盖了从选题圈定到论文答辩的各个阶段,甚至涉及论文投稿和审稿的过程。

唐振伟先生的这本书不仅是一本实用的工具书,更是一部深入浅出的论文写作教程。它不仅教授 ChatGPT 使用技巧,更重要的是启发思考。通过本书的指导,读者将学会如何将 ChatGPT 作为辅助工具,以创新的方式提炼研究的创新价值,优化论文的结构和内容,甚至在语言表达上取得显著进步。

我坚信,《玩转 ChatGPT:秒变 AI 论文写作高手》将成为所有需要与论文写作打交道的人的宝贵资源,让每个人都能在学术和职业生涯中取得更加卓越的成就。

衷心推荐这本书给所有期待在论文写作上有所突破的读者。

祝您阅读愉快,并从中获益!

朱晓庆

北京人工智能学会副秘书长

2023 年 12 月 6 日

前言

在学历提升、学术研究、职业发展等多个领域,论文写作能力对于个人的学术发展、职业竞争力和未来的职业发展都具有重要意义。然而,对于大多数人来说,论文写作却是一个令人头疼的问题。

您是否正在为本科毕业论文选题的确定而焦头烂额?

您是否正在为硕士毕业论文的论文框架搭建而心烦意乱?

您是否正在为博士毕业论文的研究方向确定而辗转反侧?

您是否正在为科研论文的选题申报材料撰写而夜不能寐?

您是否正在为职称评定论文的撰写而抓耳挠腮?

您是否正在为选择论文的研究方法而左右为难?

您是否正在面对海量的论文研究文献而无从下手?

您是否正在面对论文研究庞大的数据分析而束手无策?

您是否正在为论文研究的创新价值提炼而冥思苦想?

您是否正在为论文答辩前PPT的准备而绞尽脑汁?

如果你正在面对以上一个或者多个棘手的论文写作难题,那么,选择《玩转ChatGPT:秒变AI论文写作高手》这本书就对了!

本书旨在帮助每一个需要与论文写作打交道的人——不论是大学生、研究生、大学教师、科研人员,还是需要通过申报项目写论文来评奖、评优、评职称的人——借助ChatGPT辅助写作,提高论文写作效率和质量,快速写出高质量论文。

秒变 AI 论文写作高手

本书包含十章内容，涵盖了论文写作中作者可能遇到的各种问题，每一章都有明确的目标和实际应用案例，旨在为各领域的读者提供有针对性的指导和建议。本书对每一个具体案例进行了分析、总结，通过【让数据更好】【让标题更好】【让逻辑更好】【让表达更好】【让论点更好】【让论证更好】【让论述更好】【让结论更好】【让引言更好】【让综述更好】【让案例更好】【让语言更好】等多个小栏目，帮助读者更好地学习借鉴这些实际应用案例。

"授人以鱼不如授人以渔！"

我们希望通过这本书的帮助，让每个有论文写作需求的人都能够掌握一种全新的、更加高效的思路和方法，以此来解决不同阶段面临的问题。

通过本书的学习，您将掌握如何使用 ChatGPT 来辅助论文写作，如何准确表达思想，以及如何在写作过程中获得更多的帮助。

最后，感谢您对我们工作的支持与信任。让我们一同掌握 ChatGPT 这个强大的工具，提升论文写作的水平和质量，展现更出色的自我！

目录

第 1 章 ChatGPT 在论文写作中的应用

1.1 ChatGPT 简介和基本原理 / 002
1.1.1 ChatGPT 的发展历程和技术原理 / 002
1.1.2 ChatGPT 的应用领域和潜在价值 / 005

1.2 ChatGPT 辅助论文写作的七大场景 / 014
1.2.1 用 ChatGPT 生成论文选题 / 014
1.2.2 用 ChatGPT 生成论文框架 / 015
1.2.3 用 ChatGPT 进行文献整理 / 016
1.2.4 用 ChatGPT 进行论文润色 / 018
1.2.5 用 ChatGPT 进行问题求解 / 019
1.2.6 用 ChatGPT 进行思路创新 / 022
1.2.7 用 ChatGPT 进行论文翻译 / 026

1.3 ChatGPT 在论文写作中的优点和局限性 / 029
1.3.1 ChatGPT 的优点 / 029
1.3.2 ChatGPT 的局限性 / 033
1.3.3 用 ChatGPT 写作论文的注意事项 / 036

秒变 AI 论文写作高手

第 2 章 ChatGPT 与本科生论文写作

2.1 ChatGP 在本科生论文写作中的应用 / 040

2.1.1 用 ChatGPT 确定论文题目 / 040
2.1.2 用 ChatGPT 提炼论文的研究目标 / 043
2.1.3 用 ChatGPT 展开论文的文献综述 / 045
2.1.4 用 ChatGPT 进行数据采集和分析 / 048
2.1.5 用 ChatGPT 提炼论文摘要 / 050

2.2 用 ChatGPT 圈定选题和进行论文构思 / 052

2.2.1 用 ChatGPT 圈定选题范围 / 052
2.2.2 用 ChatGPT 生成研究方法和思路 / 055
2.2.3 用 ChatGPT 扩展论文观点和论证 / 058
2.2.4 用 ChatGPT 辅助论文结构设计 / 061

2.3 用 ChatGPT 修改和优化论文 / 064

2.3.1 用 ChatGPT 优化论文大纲和逻辑 / 064
2.3.2 用 ChatGPT 优化语言表达和充实内容 / 066
2.3.3 用 ChatGPT 寻找案例和数据 / 068
2.3.4 用 ChatGPT 检查语法和字词错误 / 071

第 3 章 ChatGPT 与硕士生论文写作

3.1 ChatGPT 辅助硕士论文开题 / 076

3.1.1 用 ChatGPT 验证自己的论文选题 / 076
3.1.2 用 ChatGPT 验证自己的研究方法 / 078

3.1.3 用ChatGPT验证自己的写作思路 / 082

3.2 ChatGPT助力硕士论文写作 / 086

3.2.1 用ChatGPT进行相关文献检索 / 086

3.2.2 让ChatGPT给出论文写作建议 / 090

3.2.3 让ChatGPT帮助处理数据 / 096

3.2.4 让ChatGPT帮助分析研究结果 / 099

3.3 ChatGPT助力提升硕士论文质量 / 103

3.3.1 用ChatGPT提升摘要质量 / 103

3.3.2 用ChatGPT提升引言质量 / 107

3.3.3 用ChatGPT提升论据质量 / 112

3.3.4 用ChatGPT提升结论质量 / 118

第4章 ChatGPT与博士生论文写作

4.1 ChatGPT在博士论文写作中的四大辅助应用 / 126

4.1.1 ChatGPT在文献综述写作中的辅助应用 / 126

4.1.2 ChatGPT在论文理论框架构建中的辅助应用 / 128

4.1.3 ChatGPT在实证章节写作中的辅助应用 / 130

4.1.4 ChatGPT在组织讨论中的辅助应用 / 132

4.2 ChatGPT在博士论文优化中的三大应用 / 134

4.2.1 用ChatGPT优化论文的语言表达 / 134

4.2.2 用ChatGPT优化实证结果的论述 / 138

4.2.3 用ChatGPT优化结论的阐述 / 141

4.3 ChatGPT 在博士论文答辩中的四大应用 / 145

4.3.1 用 ChatGPT 做论文答辩前的准备工作 / 145

4.3.2 用 ChatGPT 提炼答辩演讲要点和设计 PPT / 148

4.3.3 用 ChatGPT 预估提问问题和质疑点 / 150

4.3.4 用 ChatGPT 练习回答答辩委员会的问题 / 155

第 5 章 ChatGPT 与科研人员论文写作

5.1 ChatGPT 在科研论文写作中的三大应用场景 / 162

5.1.1 用 ChatGPT 辅助论文初稿撰写 / 162

5.1.2 用 ChatGPT 辅助结构的调整和优化 / 165

5.1.3 用 ChatGPT 辅助内容优化和定稿 / 168

5.2 用 ChatGPT 提高科研论文的可读性与影响力 / 171

5.2.1 用 ChatGPT 提炼观点 / 171

5.2.2 用 ChatGPT 简化结论 / 175

5.2.3 用 ChatGPT 优化图表 / 177

5.2.4 用 ChatGPT 打造标题 / 181

第 6 章 ChatGPT 与职称评定论文写作

6.1 ChatGPT 在评奖评优评职称论文写作中的应用 / 188

6.1.1 用 ChatGPT 准备申报材料 / 188

6.1.2 用 ChatGPT 搭建论文框架 / 190

6.1.3 用 ChatGPT 进行数据分析 / 192

6.1.4 用 ChatGPT 进行结果展示 / 197

6.2 用 ChatGPT 提高学术论文的水平 / 201

6.2.1 用 ChatGPT 进行论文学术水平评估 / 201

6.2.2 用 ChatGPT 进行论文引用热度评估 / 205

第 7 章 ChatGPT 与项目申报书、论文撰写

7.1 ChatGPT 在科研项目申报书写作中的应用 / 210

7.1.1 用 ChatGPT 确定项目选题和研究方向 / 210

7.1.2 用 ChatGPT 撰写项目计划书和研究方案 / 213

7.1.3 用 ChatGPT 写项目申请书和准备项目答辩 / 218

7.2 ChatGPT 在项目申报论文撰写中的应用 / 223

7.2.1 用 ChatGPT 解决申报材料准备过程中的问题 / 223

7.2.2 用 ChatGPT 解决项目论文撰写过程中的问题 / 226

7.2.3 用 ChatGPT 应对评审专家的提问和质疑 / 230

第 8 章 ChatGPT 与文献检索、引用

8.1 ChatGPT 在文献检索与引用规范中的应用 / 236

8.1.1 用 ChatGPT 选择数据库 / 236

8.1.2 用 ChatGPT 了解引用规范和文献格式 / 240

8.2 用 ChatGPT 辅助文献整理和引用 / 243

8.2.1 用 ChatGPT 进行文献整理和分类 / 243

8.2.2　ChatGPT 在引用信息提取中的应用 / 246

8.2.3　用 ChatGPT 校正援引和引述的准确性 / 251

ChatGPT 与内容润色、语言优化

9.1　用 ChatGPT 进行内容润色与语言优化 / 258

9.1.1　用 ChatGPT 优化论文内容 / 258

9.1.2　用 ChatGPT 优化论文语言 / 261

9.2　用 ChatGPT 提高逻辑性和完整性 / 264

9.2.1　用 ChatGPT 梳理逻辑 / 264

9.2.2　用 ChatGPT 补充维度 / 268

ChatGPT 与论文投稿、审稿

10.1　ChatGPT 在论文投稿和期刊选择中的应用 / 276

10.1.1　用 ChatGPT 进行目标期刊的选择与了解 / 276

10.1.2　用 ChatGPT 进行论文期刊适合性评估 / 279

10.2　用 ChatGPT 应对论文审稿意见和修改要求 / 282

10.2.1　用 ChatGPT 处理审稿意见和建议 / 282

10.2.2　用 ChatGPT 修改论文和回复审稿意见 / 286

第 1 章 ChatGPT 在论文写作中的应用

1.1 ChatGPT 简介和基本原理

1.1.1 ChatGPT 的发展历程和技术原理

ChatGPT 是由人工智能技术驱动的自然语言处理工具,它能够通过理解和学习人类的语言与人进行对话,还能根据聊天的上下文关系与人互动,做到像人类一样和人聊天交流。除此之外,ChatGPT 还具有强大的语言理解和生成功能,能够处理各种自然语言任务,包括回答问题、生成文本、提供解释、给出建议等。

1. ChatGPT 的发展历程

ChatGPT 是 OpenAI 公司开发并推出的聊天机器人,使用了基于 GPT-3.5 架构的大型语言模型,并通过不断强化学习进行训练。在 ChatGPT 成型之前,GPT(Generative Pre-training Transformer,一种自然语言处理技术)经历了多次技术上的迭代,主要体现在其模型层次结构的增加以及模型参数量的增加。

GPT 模型的发展历程可以追溯到 2018 年。这一年,OpenAI 公司发布了 GPT-1 模型,该模型采用了 Transformer 架构,并拥有 12 层解码器。虽然 GPT-1 模型在自然语言处理任务中有较为优异的表现,但其规模相对较小。

在 GPT-1 模型之后不久,OpenAI 公司发布了 GPT-2 模型。这是一个更强大的模型,拥有 1.5 亿个参数,这使得 GPT-2 模型在文本生成方面的表现更加出色。正是由于其强大的性能与规模,GPT-2 模型在发布之初便引起了更多的关注和讨论。

OpenAI 公司于 2020 年发布了 GPT-3 模型。GPT-3 模型是 GPT 模型系列的第三代,是迄今为止最大的语言模型之一,拥有 1750

亿个参数。GPT-3 模型不仅在自然语言理解方面表现出色，还可以执行各种自然语言处理任务，如文本生成、语言翻译、回答问题等，而且无须额外的任务做特定训练。

ChatGPT 是 GPT-3 模型的一个变种，专门用于进行对话和回答问题。它对 GPT-3 模型架构做了一些微调，优化了对话体验，能够更好地处理用户的自然语言任务。ChatGPT 的目标是为用户提供更具交互性和对话功能的自然语言处理服务。

在 GPT-3 模型之后，OpenAI 公司又推出了一系列 GPT 模型的升级版，包括 GPT-3.5、GPT-4。这些模型在保持其规模的基础上，进一步提升了性能，并加入了一些新的技术，如人类反馈强化学习（RLHF）等，使模型能够更好地理解人类的语言和意图。

2. ChatGPT 的技术原理

ChatGPT 是一个自然语言处理工具，其技术原理是：基于 GPT 模型，采用 Transformer 架构，通过大规模的预训练与微调、自监督学习等方式实现自然语言理解和文本生成。

（1）Transformer 架构

ChatGPT 采用了 Transformer 架构，这是一种深度学习模型架构，特别适用于处理文本型序列数据。Transformer 还引入了自注意力机制（Self-Attention Mechanism），允许模型在处理输入序列数据时，动态地关注不同位置的信息，从而更好地捕捉上下文关系。

（2）预训练与微调

在预训练阶段，ChatGPT 使用了大量的文本数据，这使得模型获得了海量的语言知识。这意味着模型能够理解各个领域和各种主题的文本，并具备生成自然文本的功能。

在预训练之后，ChatGPT 通过微调来适应特定的任务或应用。微调是通过在特定任务上提供少量的任务相关数据来完成的。这使得模型可以定制成不同的自然语言处理任务，如问题回答、语言翻译、文本生成等。

（3）自监督学习

ChatGPT 采用自监督学习的方式进行训练。这意味着模型在训练时不需要人工标注的任务数据，而是通过大规模的文本数据来预测文本序列中的下一个单词或标记。模型通过最大化同类样本的相似性来提升正确预测单词或标记的概率，进而学习语言知识和进行上下文理解。

3. ChatGPT 与传统文本生成模型的区别

在自然语言处理领域，ChatGPT 与传统文本生成模型都发挥着重要的作用。但二者之间，又因为技术与规模的不同，存在着诸多差异，具体差异如表 1-1 所示。

表 1-1　ChatGPT 与传统文本生成模型的区别

比较方面	文本模型	
	ChatGPT	传统文本生成模型
模型架构	基于 Transformer，具有自注意力机制，能够捕捉长距离上下文关系	可能采用传统的统计方法，如 N-gram 模型或隐马尔可夫模型
训练方式	通过大规模的自监督学习从大量文本数据中学习语言知识和提升上下文理解能力	需要大量人工特征工程和标注数据来构建模型
任务适用性	能够处理各种自然语言任务	通常用于特定任务，难以泛化到多个自然语言处理任务

（续表）

比较方面	文本模型	
	ChatGPT	传统文本生成模型
上下文理解	能够处理对话历史，生成连贯的对话回应，具备上下文理解能力	通常需要手动设计对话策略，缺乏上下文理解能力
参数量	具有较大的参数量，通常需要强大的计算资源	参数量相对较小，计算资源要求相对较低
输入形式	上下文＋模型参数	单词/词组＋模型参数
输出形式	对话＋文本片段	文本片段
应用场景	更适用于需要实时生成文本的场景	主要应用于文本生成和文本分类等任务
模型效果	ChatGPT可以通过大规模的预训练和微调来提升模型效果，同时可以生成更流畅、自然和符合语法规则的文本	传统文本生成模型的效果通常受限于训练数据的大小和质量，而且需要进行精细的调参和优化

1.1.2 ChatGPT的应用领域和潜在价值

ChatGPT作为一种强大的语言处理工具，应用领域非常广泛，具有非常巨大的潜在价值。

1. ChatGPT的应用领域

ChatGPT作为一种语言模型，不仅可以应用在客服与在线支持、教育与学习、创意、娱乐等领域，而且由于其具有强大的文本生成功能，还可以应用在论文写作、语言翻译等领域。在论文写作中，ChatGPT的应用体现在几个方面。

（1）论文选题构思

ChatGPT 可以帮助用户生成潜在的论文选题。通过分析用户输入的关键词或问题，模型可以为其提供相关的研究方向，启发用户的论文构思。举例如下。

用户提问

> 假如你是一名心理学研究者，希望写一篇关于社交媒体对青少年心理健康的影响的论文，你会选择哪些选题方向？

ChatGPT 回答

> 作为一名心理学研究者，如果我要撰写一篇关于社交媒体对青少年心理健康影响的论文，我可能会选择以下一些选题方向。
>
> 社交媒体使用与青少年抑郁和焦虑的关系：研究可以探讨青少年的社交媒体使用是否会增加他们抑郁和焦虑的风险，并进一步分析这种关系背后的可能机制。
>
> 社交媒体对青少年自尊和自我认同的影响：我们可以研究社交媒体如何影响青少年的自尊和自我认同，以及这种影响是如何发生和发展的。这可以帮助我们更好地了解青少年的心理发展过程。
>
> ……
>
> （以上内容由 ChatGPT 生成，有删节。）

（2）文献综述

ChatGPT可以协助用户搜索相关文献，提供文献综述建议，以帮助用户了解研究领域的前沿进展。除此之外，ChatGPT还可以生成文献综述的初始版本，帮助用户快速了解文献内容。举例如下。

用户提问

> 假如你是一名医学生，你需要撰写关于心脏病治疗的文献综述，你会参考哪些相关文献？

ChatGPT回答

> 在撰写关于心脏病治疗的文献综述时，可以从以下几方面来选择相关文献：
>
> 学术期刊文章：可以查找顶级心血管领域的期刊，如《新英格兰医学杂志》《美国医学会杂志》《柳叶刀》等，这些期刊上发表的文章通常代表了心脏病治疗领域最新的研究成果和前沿进展。
>
> 系统评价和meta分析：系统评价和meta分析是对大量相关研究进行综合分析的方法，可以提供对心脏病治疗的全面概述。例如，可以查找Cochrane数据库中的系统评价，其涵盖了大量医疗领域的随机对照试验。
>
> 临床试验：临床试验是研究心脏病治疗最常用的方法之一。可以查找《新英格兰医学杂志》《美国医学会杂志》等期

刊上发布的心血管临床试验。

……

（以上内容由 ChatGPT 生成，有删节。）

（3）论文结构与框架

ChatGPT 可以帮助用户规划论文的结构和框架，为论文各个部分包括引言、研究方法、研究结果、结论等的组织方式和内容提供建议。

用户提问

我是一名社会科学领域的研究者，已有研究数据，但不确定如何组织我的调查研究论文，对于我的调查研究，你有什么样的论文结构建议吗？

ChatGPT 回答

当然，组织一个调查研究论文可以采用多种方式，这取决于你的研究目的、数据类型和具体的研究设计。以下是一个常见的论文结构建议，供你参考。

引言

研究背景：简短介绍研究的重要性和相关性。

研究目的：明确说明你的研究目的和你希望解答的问题。

研究方法和数据：简短介绍你使用的方法和你的数据来源。

> 研究范围：简要介绍本论文的结构和内容。
>
> 文献综述
>
> 回顾相关理论和研究：总结和引用先前的研究，强调你的研究与这些研究的联系和区别。
>
> 研究空白：指出前人研究的不足之处，强调你的研究的独特视角和方法。
>
> 研究方法
>
> 详细描述你的研究设计：包括你的样本、测量工具、数据处理程序和数据分析方法。
>
> 描述数据收集和处理过程：确保读者能够理解你的数据的来源、质量和处理方式。
>
> ……
>
> （以上内容由ChatGPT生成，有删节。）

（4）论文润色与编辑

ChatGPT可以帮助用户检查论文中的语法、字词和逻辑错误，提供语法修正和文本润色建议，以提高论文的质量和可读性。

用户提问

> 我是一名工程学研究生，已经完成了我的硕士论文，但我担心论文中可能存在语法错误，你能对这部分内容（已上传论文部分内容）进行字词错误和语法问题的检查吗？

秒变 AI 论文写作高手

ChatGPT 回答

> 你提供的文本在字词、语法和逻辑上看起来都没有明显的问题，表述清晰、逻辑连贯。不过，我注意到在第 4 段的第 1 句中，"应用"似乎应该是"帮助"或类似的词语，以更好地与上下文匹配，但这只是一个细微的建议，不是明显的错误。
>
> ……
>
> 总的来说，这段文本看起来很清晰和合理，没有明显的字词、语法或逻辑问题。
>
> （以上内容由 ChatGPT 生成，有删节。）

（5）论文摘要生成

ChatGPT 可以根据论文的主题和用户的需求，从相关文献资料中获取信息，并可以自动生成论文摘要。这样的服务能够帮助用户快速了解论文的主要内容和贡献，进而帮助他们更好地理解和跟踪相关领域最新的研究成果。

用户提问

> 我是一名生物学研究员，希望了解关于癌症免疫疗法的最新研究进展，你能为我生成癌症免疫疗法研究的简短摘要吗？

ChatGPT 回答

> 当然,我可以为您生成一份关于癌症免疫疗法研究的简短摘要。
>
> 癌症免疫疗法是一种利用人体免疫系统攻击癌症细胞的治疗方法。近年来,免疫疗法成了一种备受关注的治疗手段,并在多种类型的癌症治疗中取得了显著成果。
>
> 其中,最具潜力的免疫疗法之一是免疫检查点抑制剂。这些药物旨在解除免疫细胞对癌症细胞的"刹车",使免疫细胞能够更有效地攻击癌症细胞。例如,PD-1 抑制剂和 CTLA-4 抑制剂已在黑色素瘤、非小细胞肺癌和肾细胞癌等多种癌症类型的治疗中展现出显著的临床效果。
>
> ……
>
> (以上内容由 ChatGPT 生成,有删节。)

(6)论文参考文献管理

ChatGPT 可以根据用户提供的论文主题和用户需求,自动从文献资料中搜索相关资料,并生成符合学术标准的参考文献列表。这样可以帮助用户快速获取相关领域的参考文献,减少用户查找资料的时间和工作量。

用户提问

> 一名历史学家正在准备一篇关于第二次世界大战的论文,需要引用多个历史文献,你能为他生成符合芝加哥引用格式的参考文献列表吗?

ChatGPT 回答

以下是一个可能的符合芝加哥引用格式的参考文献列表,该列表主要依据第二次世界大战的主题和相关文献。

Altman, Leonard. "The Origins and Course of the Second World War." International History Review 7, no. 1 (1985): 1-21.

Barber, John. "The Blitz: Britain under Attack." BBC History, 2011.

Barton, Burt E. "The Development of the Enigma Machine and Related Matters." Journal of Cryptology 7, no. 1 (1994): 5-20.

……

(以上内容由 ChatGPT 生成,有删节。)

(7)讨论与结论撰写

ChatGPT 可以协助用户撰写论文的讨论和结论部分,提供关于如何总结研究发现和展望未来工作的建议。

用户提问

一名环境科学研究员已经完成了她的大气污染研究报告,但不确定如何撰写结论部分。你能为她的研究报告提供一些结论撰写的建议吗?

ChatGPT 回答

关于撰写大气污染研究报告的结论部分,以下是一些建议。

　　首先，需要回顾研究的问题和研究目的。例如，你的研究可能是为了探讨大气污染物的来源、影响和降低污染的策略。这一部分可以作为结论的引言，让读者了解研究的背景和目的。

　　其次，需要总结研究的主要发现和观察结果。例如，你可能发现工业排放是大气污染的主要来源，或者某些类型的污染物质对人类健康产生了负面影响。对于这些核心发现，应该用简洁明了的语言进行描述。如果有相关数据和图表，可以在此部分中适当引用，以便更直观地展示你的研究成果。

　　……

（以上内容由 ChatGPT 生成，有删节。）

ChatGPT 在论文写作中的应用可以帮助用户提高效率、减轻写作负担、提高论文质量，并帮助用户更好地展示他们的研究结果。

需要注意的是，尽管 ChatGPT 可以提供非常有用的建议，但是最终的论文还需要人工审查和修改，以确保论文符合要求。

2. ChatGPT 在论文写作中的潜在价值

ChatGPT 在论文写作中的潜在价值主要体现在以下四个方面。

（1）提高效率

ChatGPT 可以根据用户提供的关键词或需求，快速生成相关论文的主题和提纲，大大减少用户在搜集和分析文献资料方面花费的时间和精力，提高论文写作的效率。

（2）提高论文质量

ChatGPT 可以根据论文的主题和内容，自动生成规范、流畅的文本，从而帮助用户提高论文的文本质量。同时，ChatGPT 还可以通过对用户输入的文本进行分析，提供新的思考角度和观点，不仅可以帮助用户拓宽思路，还可以提高论文的创新性。

（3）降低论文写作难度

ChatGPT 的应用使得论文写作不再仅仅依赖于个人的语言能力和写作技巧，而是可以通过与 ChatGPT 对话的方式快速获得灵感、解决问题，降低论文写作的难度，使得更多的人能够写出高质量的论文。

（4）减轻写作负担

ChatGPT 可以协助用户在文献查找、论文结构规划、文本润色等多个环节节省时间，减轻写作负担，使用户能够专注于核心研究工作。

1.2　ChatGPT 辅助论文写作的七大场景

1.2.1　用 ChatGPT 生成论文选题

ChatGPT 作为一种自然语言处理工具，具有强大的语言生成和理解功能。它通过对大量文本数据进行预训练，学习了语言的语法、语义和上下文关系，不仅能够理解并回答专业领域的相关问题，还能完成文本生成、互动问答等任务。

ChatGPT 的功能不局限于简单的文本生成和回答问题，还可以辅助生成论文选题。

用户可以向 ChatGPT 提出关于专业领域论文的相关问题，通过输入一个或多个关键词，请 ChatGPT 生成潜在的选题建议，以获得更多的灵感和思路。

用户可以采用以下问法，向 ChatGPT 提问，让其辅助生成论文选题。

示例 1：一名社会科学研究者可以提问："有哪些未来社会趋势值得研究？"

示例 2：一名医学专业的学生可以输入"深度学习"和"医疗健康"两个关键词，请 ChatGPT 根据这两个关键词生成论文题目。

示例 3：一名学土木建筑的学生可以输入"绿色建筑评估与设计"这个选题方向，请 ChatGPT 根据选题方向，给出选题建议。

1.2.2　用 ChatGPT 生成论文框架

在确定论文选题后，用户可以用 ChatGPT 生成论文框架。用户输入论文的标题，请 ChatGPT 对此标题进行分析，协助构建论文的结构与框架，并为每个章节提供相应的内容建议，这对用户厘清思路，更好地组织论文内容非常有帮助。

用户可以与 ChatGPT 建立对话，向 ChatGPT 描述论文方向与选题背景，然后询问 ChatGPT 如何组织论文的不同部分。

用户可以采用以下问法向 ChatGPT 提问，让其辅助生成论文框架。

示例 1：对于我的论文"社交媒体对青少年的影响"，你有什么样的论文结构建议吗？

示例 2：如果论文主题是"人工智能对未来的影响"，可以问 ChatGPT："对于我的论文'人工智能对未来的影响'，你有什么样的论文结构建议吗?"

示例3:如果论文主题是"低碳经济对可持续发展的影响",可以问ChatGPT:"我应该从哪些方面来论述低碳经济对可持续发展的影响?"

1.2.3 用ChatGPT进行文献整理

ChatGPT作为一种强大的语言处理工具,不仅可以生成论文选题与框架,也可以进行文献整理。

用户可以利用ChatGPT搜索文献、进行文献筛选与分类,以及生成文献综述等。

(1)根据关键词搜索文献

用户可以使用论文主题或关键词让ChatGPT来搜索相关的学术文献。

用户可以采用以下问法向ChatGPT提问,让其搜索文献。

示例1:请帮我查找关于"深度学习在医疗健康中的应用"的文献。

示例2:我需要写一篇关于"深度学习"与"生物信息学"的论文,能帮我查找一些相关文献吗?

示例3:对于"机器学习"与"医学诊断",你有相关文献可以给我参考吗?

(2)文献筛选与分类

ChatGPT可以帮助用户筛选和分类文献,根据文献的质量、相关性、时效性等因素进行筛选,将文献分为不同的类别,方便用户后续的阅读和分析。

用户可以采用以下问法向ChatGPT提问,让其对文献进行筛选与分类。

示例1：能否帮我找到最近一年内发表的，关于机器学习在医学诊断中的应用的研究论文，并且重点探讨其诊断准确性和应用效果？

示例2：能否筛选出深度学习技术在医疗影像分析领域的应用，主要关注肺结节检测或良恶性判别研究的文献？

示例3：帮我找到关于机器学习在医学诊断中应用的博士论文或者硕士论文，并分析其研究方法和结论。

示例4：能否筛选出在大型医学影像分析中，使用深度学习技术进行三维重建和可视化研究的文献？

（3）文献综述生成

ChatGPT 可以根据用户提供的主题或关键词，从已搜索到的文献中自动抽取重要信息，然后生成一个初步的文献综述。这可以帮助用户更快速地了解相关研究领域的发展状况和研究成果，从而更好地撰写论文。

用户可以采用以下问法向 ChatGPT 提问，让其生成文献综述。

示例1：请帮我生成医学诊断中应用机器学习技术的优势和局限性的文献综述。

示例2：我正在研究机器学习在金融领域的应用，可以给我一份相关的文献综述吗？

示例3：我对心理学领域的幸福感研究感兴趣，您能提供一份幸福感研究的文献综述吗？

示例4：我需要关于可再生能源研究的文献综述，特别是太阳能和风能方面的最新研究。

1.2.4 用 ChatGPT 进行论文润色

用户可以通过 ChatGPT 的辅助对论文进行润色。

（1）语法和字词检查

ChatGPT 可以帮助用户检查论文中的语法和字词错误。用户可以直接上传论文内容，并请求 ChatGPT 对其进行这方面的检查。

用户可以采用以下问法向 ChatGPT 提问，让其对论文进行语法和字词检查。

示例1：在语法方面，您能帮我检查以下论文是否有不当之处吗？

示例2：您可以帮我检查以下论文是否存在语法和字词错误吗？

示例3：请对我的论文进行语法和字词检查，看看是否有错误。

（2）表达优化

ChatGPT 可以帮助用户优化论文中的表达方式。

用户可以采用以下问法向 ChatGPT 提问，让其优化论文表达。

示例1：我觉得论文的逻辑不够清晰，您能给出一些建议来提高其连贯性吗？

示例2：对于这个研究结果，有哪些潜在的假设或前提条件需要强调？

示例3：在这个句子中，如何更准确地使用措辞或修辞手法来表达我的观点？

（3）关键词选择

ChatGPT 可以根据用户的论文主题和需求，提供一些关键词建议。

用户可以采用以下问法向 ChatGPT 提问，让其对论文内容提供一些关键词建议。

示例 1：您能为我提供一些可能用于描述这篇论文核心的关键词吗？

示例 2：对于我这个论文的主题，您认为哪些关键词可能最能代表它的核心概念？

示例 3：我正在考虑如何准确、简短地概括我的论文主题，您能提供一些关键词的建议吗？

1.2.5　用 ChatGPT 进行问题求解

ChatGPT 凭借其强大的语言学习与处理功能，可以自动提取文本内容、概念和逻辑关系等关键信息，为用户提供高效的问题求解。

当用户在论文写作中遇到问题时，可以向 ChatGPT 寻求帮助，以获得问题解决方案。ChatGPT 通常通过提供信息和知识、方法和策略、数据和文献等方式对用户提出的问题进行回答。

1. 提供信息和知识

ChatGPT 可以基于其训练数据中的信息提供相关领域的知识和背景信息，在一定程度上帮助用户理解特定问题。

用户提问

> 请提供关于人工智能在医疗领域的最新研究和应用的示例。

ChatGPT 回答

> 人工智能在医疗领域的研究和应用已经取得了许多令人瞩目的成果。以下是一些最新的研究和应用的示例。
>
> 风险预测：风险预测分析公司 Lumiata 利用其核心产品——风险矩阵（Risk Matrix），在获取大量的健康计划成员或患者电子病历和病理生理学等数据的基础上，为用户绘制患病风险随时间变化的轨迹。这种基于人工智能的风险预测方法可以帮助医生更好地了解患者的病情，从而制定出更精确的治疗方案。
>
> 智能影像识别：人工智能在医疗影像识别方面也取得了很大的进展。例如，美国企业 Enlitic 运用深度学习技术，将癌症等恶性肿瘤的检出率提高到了超越 4 位顶级放射科医生的水平，甚至能够诊断出人类医生无法诊断出的 7% 的癌症。此外，贝斯以色列女执事医疗中心（BIDMC）与哈佛医学院合作研发的人工智能系统，对乳腺癌病理图片中癌细胞的识别准确率也能达到 92%。这些技术能够帮助医生更准确、更快速地分析病情，从而为患者提供更有效的治疗方案。
>
> ……
>
> （以上内容由 ChatGPT 生成，有删节。）

2. 提供方法和策略

ChatGPT 可以提供针对特定问题的方法和策略，以解决问题或达成特定目标。

第 1 章　ChatGPT 在论文写作中的应用

用户提问

> 我需要提高我的文献综述的质量,有什么写作策略可以使用?

ChatGPT 回答

> 提高文献综述的质量是一个重要目标,以下是一些可以帮助你的写作策略。
>
> 明确文献搜索策略:在开始写作之前,明确你的文献搜索策略,确定你希望覆盖的主题范围、使用的关键词,以及你打算查找的数据库或资源。
>
> 仔细阅读并理解文献:确保你充分理解所引用的每篇文献。这包括了解其研究问题、研究方法、主要发现和结论。这样,你就可以更有效地将每篇文献与你的主题联系起来。
>
> 做好笔记和总结:在阅读每篇文献时,做好详细的笔记,记录重要的发现、方法、结论等。这将有助于你在综述中准确地呈现文献。
>
> 批判性思维:对每篇文献进行批判性思考。尽管大多数文献可能会支持你的主题,但也可能会提供不同的观点或方法。考虑这些文献如何挑战或支持你的主题,及如何将这些文献整合到你的综述中。
>
> ……
>
> (以上内容由 ChatGPT 生成,有删节。)

3. 提供数据和文献

ChatGPT 可以向用户提供具有针对性的数据和文献，以辅助用户解决论文写作中遇到的问题。

用户提问

> 请提供关于新冠病毒疫苗接种率的数据，并分析这些数据与疫情传播趋势的关系。

ChatGPT 回答

> 截至 2021 年 9 月，全球范围内已接种了约 43 亿剂次的新冠疫苗。一些国家和地区已经实现了相当高的疫苗覆盖率，而其他地方仍在不断推进疫苗接种工作。
>
> 根据全球疫苗接种率数据，我们发现疫苗接种率的提高可以有效地降低病毒传播的速度和感染率。然而，不同国家和地区的疫苗接种率存在差异，导致全球疫情仍呈扩散趋势。
>
> ……
>
> （以上内容由 ChatGPT 生成，有删节。）

1.2.6 用 ChatGPT 进行思路创新

当用户在论文写作中遇到瓶颈时，可以向 ChatGPT 寻求帮助，以获得启发。ChatGPT 通过提供新颖的观点和角度、探索相关领域，以及挑战传统观点等方式，辅助用户进行思路创新。

1. 提供新颖的观点和角度

ChatGPT 可以为用户提供新颖的观点和不同的思考角度,为用户提供思考问题的不同方面。

用户提问

> 我在写关于人工智能在医疗诊断中的应用的论文,有哪些新颖的观点可以帮助我突出这个领域的重要性?

ChatGPT 回答

> 在写关于人工智能在医疗诊断中的应用的论文时,有一些新颖的观点可以帮助你突出这个领域的重要性。以下是一些可能的观点。
>
> 强调医疗需求的重要性:你可以强调医疗需求的重要性,并指出人工智能技术如何满足这些需求。例如,可以讨论人工智能如何提高疾病诊断的准确性、优化治疗方案、提高药物研发效率等。
>
> 关注人工智能技术的实际应用效果:你可以通过具体的应用案例来展示人工智能技术在医疗领域应用的实际效果。例如,可以介绍一些已经成功应用人工智能技术的医疗机构或药物研发项目,并讨论这些成功案例对医疗行业的影响和价值。
>
> 深入探讨数据资源的重要性和利用价值:你可以深入探讨医疗数据的重要性和利用价值,并介绍如何通过人工智能

技术从这些数据中提取有用的信息。例如,可以讨论人工智能技术如何帮助医生更好地理解患者的病情和历史,以及如何利用这些信息来提高治疗效果。

……

(以上内容由ChatGPT生成,有删节。)

2. 探索相关领域

ChatGPT可以推荐与用户的研究主题相关的其他领域或学科的思维方式,以帮助用户从不同的维度进行探索。这种交叉学科的思考可以带来新的视角和方法。

用户提问

我在研究机器学习在金融领域的应用,是否有其他领域的思维方式可以为我的研究提供新的思考角度?

ChatGPT回答

在研究机器学习在金融领域的应用时,可以借鉴以下领域的思维方式来为你的研究提供新的角度。

经济学:经济学是研究资源分配和使用的科学,可以考虑将经济学中的一些理论运用到机器学习在金融领域的应用的研究中。例如,可以使用博弈论来研究金融市场的竞争和策略,或者使用供需理论来分析金融市场的价格波动。

> 计算机科学：机器学习本身就是计算机科学的一个分支，因此可以借鉴计算机科学中的一些理论和方法来为你的研究提供新的角度。例如，可以使用计算机科学中的算法和数据结构来优化机器学习模型的性能和效率。
>
> ……
>
> （以上内容由 ChatGPT 生成，有删节。）

3. 挑战传统观点

ChatGPT 可以帮助用户挑战传统的观点或假设，鼓励用户思考是否有不同的方法来解决问题或研究主题。

用户提问

> 我在研究可持续能源政策，有哪些传统政策假设需要重新思考？

ChatGPT 回答

> 在研究可持续能源政策时，有一些传统的政策假设可能需要重新思考。以下是一些可能的传统政策假设。
>
> 能源需求假设：传统的能源政策通常基于对未来能源需求增长的预测。然而，随着可持续发展观念的提出和人类环境保护意识的提高，这种假设可能不再成立。我们需要考虑如何在满足能源需求的同时，降低能源消耗和减少碳排放。

> 技术依赖假设：传统的能源政策通常假设科技创新是解决能源问题的关键。然而，技术发展并非可持续能源转型的唯一驱动力。政策制定需要同时考虑社会、经济和政治等因素，并采取综合的方法来实现可持续能源目标。
>
> 完全市场假设：传统的能源政策通常基于完全市场竞争的假设，认为市场机制可以有效地调节能源供需关系。然而，在可持续能源转型过程中，市场机制可能无法充分反映环境成本和外部效应。因此，政策制定需要重新考虑市场机制的局限性，并采取必要的政府干预措施来推动可持续能源发展。
>
> ……
>
> （以上内容由ChatGPT生成，有删节。）

1.2.7 用ChatGPT进行论文翻译

ChatGPT作为一种语言处理工具，可以对用户输入的文本进行分析，然后根据目标语言对其进行翻译。这意味着ChatGPT不仅可以将用户完成的论文翻译成目标语言，也可以对用户查找到的参考文献进行目标语言的翻译。

1. 将完成的论文翻译成目标语言

用户提问

> 请将这段文本内容翻译成英文。"人工智能（AI）的快速发展在当今社会中不容忽视。正如Smith（2021）所指出的那

样：'近年来，人工智能在医疗、金融和交通等各个领域取得了重大进展'。这一引文突显了AI技术在多个领域的广泛应用，不仅令人振奋，而且对我们的生活方式、工作方式和社会互动方式产生了深远的影响。"

ChatGPT 回答

The rapid development of Artificial Intelligence (AI) is undeniable in today's society. As pointed out by Smith (2021), 'In recent years, AI has made significant advancements in various fields, including healthcare, finance, and transportation.' This citation highlights the widespread application of AI technology across multiple domains, which is not only exciting but also has profound impacts on our lifestyles, work patterns, and social interactions.

（以上内容由ChatGPT生成，无改动。）

2. 将参考文献翻译成目标语言

用户提问

请将这段参考文献翻译成中文。
의료 분야에서 인공 지능의 적용은 이미 의학 진단과 치료에 혁명적인 변화를 가져왔습니다. 지능형 진단 도구와 기

계 학습 알고리즘은 의사들이 질병을 더 정확하게 감지하고 치료 계획을 수립하는 데 도움을 줄 수 있습니다. 이로써 환자의 생존률을 높일 뿐만 아니라 의료 직종의 업무 부담을 경감시킵니다.

금융 분야에서는 AI가 위험 평가, 시장 분석 및 투자 결정에 광범위하게 사용되고 있습니다. 이 기술의 적용은 금융 업계의 운영 방식을 변경하고 금융 기관이 시장 변동에 더 잘 적응하도록 격려하고 있습니다.

ChatGPT 回答

在医疗领域,人工智能的应用已经带来了医学诊断和治疗方面的革命性变化。智能诊断工具和机器学习算法有助于医生更准确地检测疾病并制订治疗计划。这不仅提高了患者的生存率,还减轻了医疗从业者的工作负担。

在金融领域,人工智能广泛用于风险评估、市场分析和投资决策。这种技术的应用改变了金融行业的运作方式,鼓励金融机构更好地适应市场波动。

(以上内容由 ChatGPT 生成,无改动。)

1.3 ChatGPT 在论文写作中的优点和局限性

1.3.1 ChatGPT 的优点

ChatGPT 有诸多优点,这些优点使其在各个领域都备受欢迎。ChatGPT 可用于解决问题,辅助学习,为用户提供高质量的写作辅助和指导。

1. 知识覆盖面广

ChatGPT 的知识库覆盖了各个领域,它可以回答来自不同领域的问题,无论是科学、历史、文学、医学还是其他领域,它都能够提供有用的信息,帮助用户了解和探索不同的领域。

用户提问

> 我想要研究古希腊哲学,请为我提供相关的知识。

ChatGPT 回答

> 研究古希腊哲学是一项有趣且深刻的学术探索。古希腊哲学对西方思想和文化产生了深远的影响,因此这个领域有很多值得学习的内容。以下是一些古希腊哲学的基本知识和主要哲学家。
>
> 前苏格拉底学派哲学家
>
> 毕达哥拉斯(Pythagoras):提出了毕达哥拉斯学派的思

想,强调数学和宇宙的关系。

……

(以上内容由 ChatGPT 生成,有删节。)

2. 可即时查找信息

用户可以随时向 ChatGPT 提出问题,就像进行一次实时的在线搜索一样。ChatGPT 可以在几秒内检索并提供相关的知识,无须用户浏览多个网页或数据库。

用户提问

人工智能在自主决策时如何确保遵守伦理和法律?

ChatGPT 回答

确保人工智能(AI)在自主决策时遵守伦理和法律是一个复杂而重要的问题。以下是一些方法和考虑事项。

伦理指南和规则:制定明确的伦理准则和规则,以引导 AI 系统的行为。这些规则应该包括涉及隐私、公平性、透明度和安全性的准则。AI 系统应该被编程以遵循这些规则。

……

(以上内容由 ChatGPT 生成,有删节。)

3. 提供资料参考和引用

ChatGPT 可以为用户提供相关的资料参考和引用，这对于学术写作、研究或论证是非常重要的。当用户需要支持他们的观点或主张时，ChatGPT 可以帮助他们找到适当的引文或参考文献，以加强他们的论证。

用户提问

> 我要撰写一篇关于气候变化的论文，想了解一下气候科学家的观点和相关研究，以及他们的研究论文。

ChatGPT 回答

> 撰写一篇关于气候变化的论文需要深入了解气候科学家的观点和相关研究。以下是一些权威的气候科学家、研究机构和一些相关的研究论文，可以作为你研究的起点。
>
> 知名气候科学家
>
> 迈克尔·E. 曼（Michael E. Mann）：他是著名的气候科学家，以"曲棍球杆曲线"（Hockey Stick Graph）而闻名，该图形显示了近几个世纪以来地球温度的变化。
>
> ……
>
> 研究机构
>
> 联合国气候变化政府间专门委员会（IPCC）：该机构发布了多份全球气候评估报告，是权威的气候科学信息来源。
>
> ……
>
> （以上内容由 ChatGPT 生成，有删节。）

4. 辅助学习和教育

ChatGPT 还可以作为一个教育性工具，帮助学生和教育工作者获取更多的信息，从而更好地理解学科内容。它可以回答学生的问题，提供附加的背景知识，以及解释复杂概念。

> **用户提问**
>
> 我是一名中学生，想了解一下化学键的类型、特性以及它们在化学反应中的作用。

> **ChatGPT 回答**
>
> 化学键是分子内或分子之间的相互作用，它们在化学反应中起着至关重要的作用。化学键的类型、特性和作用有很多，下面是一些常见类型的化学键以及它们的特性和作用。
>
> 共价键（Covalent Bond）
>
> 特性：共价键是由两个或更多原子共享电子对而形成的。它通常在非金属原子之间发生，强度较高，通常是分子中的最强化学键。
>
> 作用：共价键使原子结合在一起，形成分子。它们确定了分子的几何形状和化学性质。在化学反应中，共价键可以被切断和重新形成，从而导致新的化学物质的形成。
>
> ……
>
> （以上内容由 ChatGPT 生成，有删节。）

5. 提供多角度观点

ChatGPT 能够生成不同角度的观点和解释，这有助于用户更全面地了解某个问题或主题。用户可以提出不同的问题，通过从不同的角度探讨问题，从而获得更丰富的见解。

用户提问

> 全球化对发展中国家的经济影响。

ChatGPT 回答

> 1. 积极影响
>
> 市场扩张：全球化使发展中国家能够更广泛地参与国际市场，增加了出口机会。例如，中国出口的商品在全球市场上取得了巨大的成功。
>
> ……
>
> 2. 消极影响
>
> ……
>
> 3. 综合视角
>
> ……
>
> （以上内容由 ChatGPT 生成，有删节。）

1.3.2 ChatGPT 的局限性

ChatGPT 本身也存在部分局限性，可能会发生生成的内容不符

合期望的情况。

1. 回答存在误导性或答非所问

ChatGPT 是基于大量文本数据训练的对话系统,它在生成回答时可能依赖于表面上的模式匹配,而不是真正理解问题的上下文关系。因此,它有时会提供看似准确但实际上存在误导性的答案,或者回答与问题无关的内容。举例如下。

用户提问

> A 比 B 贵 100 倍,那么 B 比 A 便宜多少倍?

ChatGPT 回答

> 如果 A 比 B 贵 100 倍,那么 B 比 A 便宜的倍数是 1/100,也可以说是百分之一。这表示 B 的价格是 A 的价格的 1%。所以,B 比 A 便宜了很多倍。
>
> (以上内容由 ChatGPT 生成,未改动。)

在与 ChatGPT 互动时,用户要明确地表达问题,以减少误导性回答的可能性。如果 ChatGPT 提供的回答不符合预期,可以追加问题或提供更多相关的上下文信息,以帮助 ChatGPT 更好地理解并生成相关的回答。

2. 专业写作能力有限

ChatGPT 虽然可以生成文本,但由于缺乏某些专业领域的知识，在处理复杂的领域特定论文时可能无法提供深入的见解。另外，许多学术领域有其特定的写作风格和规范，ChatGPT 可能无法准确理解和遵守这些规范。

用户提问

> 帮我撰写一篇有关量子计算的论文。

ChatGPT 回答

> 标题
> 探索量子计算的未来：原理、应用和挑战
> 摘要
> 本论文将探讨量子计算的基本原理、现实应用以及所面临的挑战。我们将研究量子比特、量子门、量子算法和量子计算的未来前景。
> ……
> （以上内容由 ChatGPT 生成，有删节。）

用户可以用 ChatGPT 生成论文的段落或草稿，但在涉及复杂研究方法、数据分析、领域特定知识的部分，需要谨慎，最好寻找专业的网站或知识获取渠道。

3. 回答可能缺乏主观性和创造性

ChatGPT 生成的回答通常是基于事实和数据的，这意味着 ChatGPT 无法提供主观意见、价值观及情感反应。另外，ChatGPT

受已有数据的限制，无法提供与人类创作者相媲美的文本。

用户提问

哪种颜色最好看呢？

ChatGPT 回答

"哪种颜色最好看"是一个高度主观的问题，取决于个人的审美品位。不同人对颜色的偏好各不相同，因此没有绝对的答案。

……

（以上内容由 ChatGPT 生成，有删节。）

ChatGPT 生成的回答可能缺乏主观性和创造性，但可以通过人工编辑和润色来添加这些元素。

1.3.3 用 ChatGPT 写作论文的注意事项

在写作论文时，用户要谨慎使用 ChatGPT，要确保论文内容的质量，保证学术诚信和尊重知识产权。

1. 需评估生成的内容

（1）内容的准确性和可信度

用户在使用 ChatGPT 生成的内容之前，需要进行评估和验证，特别是在涉及重要事实、数据和专业知识的情况下，须查阅权威资料或咨询专家，以确保信息的准确性和可信度。

（2）语法和逻辑的合理性

对 ChatGPT 生成的文本，用户应仔细审查和编辑，以确保其语法正确、逻辑合理且能够清晰传达信息。

2. 避免过度依赖 ChatGPT

（1）保持独立思考

ChatGPT 是一个工具，它可以辅助论文写作，但不应代替独立思考。用户可将 ChatGPT 生成的内容视为写作的起点，而不是最终的解决方案。

（2）多角度思考

ChatGPT 生成的文本可能受到模型的训练数据的限制，用户在使用这些文本时，应考虑多种角度和观点，以丰富内容，并提供更全面的信息。

3. 避免知识产权问题

（1）尊重知识产权

ChatGPT 模型使用了大量的文本数据进行训练，数据中包含了来自各种渠道的文本。在使用生成的文本时，需要尊重知识产权，确保不侵犯他人的版权。

（2）避免论文抄袭

ChatGPT 生成的文本可能与互联网上的某些内容相似，作者需要确保论文是原创的，避免抄袭他人的作品，需要使用专业的抄袭检测工具来检查论文的原创性。

第 2 章 ChatGPT 与本科生论文写作

2.1　ChatGP 在本科生论文写作中的应用

2.1.1　用 ChatGPT 确定论文题目

确定合适的论文题目是撰写论文的关键，论文题目的确定直接影响着整个写作过程。当你对自己的毕业论文如何着手毫无头绪时，可以使用 ChatGPT 为自己确定论文题目提供思路。

背景：用户确定了选题为"食品安全"。

用户提问

围绕食品安全这个选题，如何确定论文题目？

ChatGPT 回答

确定一个关于食品安全的论文题目需要仔细思考，确保题目能够清晰地反映你的研究兴趣和方法。以下是一些关于确定食品安全论文题目的建议。

1. 确定你的研究重点

明确你对食品安全领域的研究兴趣或研究焦点。食品安全涉及广泛的领域，可以包括食品检验、食品添加剂、食品传染病、食品法规等多个方面。

2. 确保题目清晰和具体

确保你的论文题目能够准确地反映出你的研究焦点，避免使用过于笼统的词汇。例如，不要使用像"食品安全研究"

这样的模糊标题,而要更具体,比如"食品安全法规的评估"或"食品中有害微生物的检测方法"。

3. 基于研究问题

如果你已经有一个具体的研究问题,可以将其用作标题的一部分,以确保题目与研究内容紧密相关。例如,如果你的研究问题是"食品中有害微生物的检测方法如何改进",那么标题可以是"改进食品中有害微生物的检测方法"。

4. 引入关键词

考虑在标题中引入关键词,这有助于提高你的论文在学术数据库和搜索引擎中的可发现性。例如,"食品安全""检测""法规"等关键词。

……

(以上内容由 ChatGPT 生成,有删节。)

ChatGPT 提供了一系列具体的建议,比如如何避免模糊标题、如何使用关键词、如何与研究问题对应等,这些建议可以帮助用户更好地确定论文题目。

【让标题更好】

用户可继续向 ChatGPT 进行追问,让其进行深度思考,思考如何让论文的标题更好。如围绕上面 ChatGPT 提供的建议继续追问。

(1)关于确定研究重点的追问

示例 1:如何确定食品安全问题的研究重点,请具体一点?

示例 2:有哪些具体的方法可以帮助我找到食品安全领域的研究焦点?

（2）关于研究的问题的追问

示例1：如何恰当地将研究问题体现在论文标题中，以确保它们保持一致？

示例2：有没有例子，可以展示如何将研究问题转化为具体的标题？

（3）关于引入关键词的追问

示例1：在标题中包括哪些关键词可以提高论文的易检索性？

示例2：如何设定论文检索的关键词？

用户提问

> 在标题中包括哪些关键词，可以提高论文的易检索性？

ChatGPT 回答

> 以下是一些示例关键词，可以考虑在你的食品安全论文标题中使用。
>
> 食品检测
>
> 食品卫生
>
> 食品中毒
>
> 食品供应链
>
> 食品微生物学
>
> 食品法规
>
> ……
>
> （以上内容由 ChatGPT 生成，有删节。）

2.1.2 用 ChatGPT 提炼论文的研究目标

用户可根据论文标题，使用 ChatGPT 提炼论文的研究目标，明确研究方向和将要实现的目标。

用户提问

> 我的论文研究方向是"食品加工和供应链"，题目是"食品供应链可追溯性对食品安全的影响"，请为我提炼研究目标。

ChatGPT 回答

> 根据所给文档的内容，你的论文"食品供应链可追溯性对食品安全的影响"可能有以下作用。
>
> 供应链可追溯性是保障食品安全的重要手段之一。通过对原材料的采购、加工、运输、储存、配送等环节进行详细记录和标识，可以建立起食品供应链的完整档案，方便对食品安全问题进行追踪溯源。
>
> 可追溯性可以提高食品供应链的透明度。通过记录和追踪每个环节的信息，可以让消费者、监管部门等相关方了解食品供应的全过程，及时发现和解决潜在的安全问题。
>
> ……
>
> 综合以上作用，食品供应链可追溯性对食品安全具有重要意义，可以帮助提高食品供应链的安全水平和透明度，增强消费者信心，促进食品产业的可持续发展。因此，在论文

中深入探讨食品供应链可追溯性的实践和理论问题,将为保障食品安全和提高食品供应链产业的发展水平提供有益的参考。

(以上内容由 ChatGPT 生成,有删节。)

ChatGPT 提供了清晰、具体且关联性较强的研究目标,比较符合论文题目。尽管 ChatGPT 可以提供有用的建议和帮助,但用户需要根据自己的专业知识和研究领域的要求对生成的文本进行进一步的修改。

【让目标更好】

用户可利用与 ChatGPT 的深入互动来更好地提炼论文的研究目标,可以继续向 ChatGPT 提问。

示例1:如何使我的研究目标更加具体,以使我可以更精确地界定我的研究问题?

示例2:根据我的研究目标,如何调整我的研究方法,以确保我的研究方法能够达成我的研究目标?

示例3:我希望研究目标能够体现出研究的实际意义、价值和影响,有什么建议吗?

用户提问

我希望研究目标能够体现出研究的实际意义、价值和影响,有什么建议吗?

ChatGPT 回答

当您希望研究目标能够突出研究的实际意义和影响时，可以在研究目标陈述中强调以下几个方面，以便更加突出研究的重要性。

1. 强调社会影响：本研究的目标是深入研究食品供应链可追溯性对食品安全的影响，以提高全社会对食品安全的认知，提升消费者信任度，减少食品安全问题带来的健康风险。

2. 提及经济效益：我们的研究旨在阐明在食品供应链中实施可追溯性对食品生产企业的经济效益影响巨大，并探讨其在降低召回成本和提高产品质量方面的影响，从而帮助企业提高竞争力。

3. 强调政策和管理建议：通过分析在食品供应链中实施可追溯性对食品安全的积极影响，我们的研究旨在为企业和政府提供改进食品供应链管理和食品安全政策制定的指导，以确保更安全的食品供应链。

……

（以上内容由 ChatGPT 生成，有删节。）

2.1.3 用 ChatGPT 展开论文的文献综述

文献综述对写论文非常重要，它能帮助用户了解研究问题背后的脉络和已有研究的进展情况。用户要使用 ChatGPT 辅助生成论文的文献综述，需要将收集整理好的各种相关文献"投喂"给 ChatGPT。ChatGPT 能对每篇文献进行简要总结，包括研究方法、

主要发现和重要结论。

背景：用户上传了两篇论文，"供应链视角下×××"和"基于食品供应链管理×××"，让 ChatGPT 对两篇论文进行整合分析（因篇幅所限，原文省略）。

> 文档 1：本文主要探讨了食品加工产业中食品安全问题的重要性，并从食品供应链管理的角度分析了食品安全问题的机制。文章提出……
>
> 文档 2：本文在对食品供应链上诱发食品安全问题的原因进行分析的基础上，提供了一种新的解决问题的思路……，文章指出……

用户提问

> 综合分析这两个文档，有哪些关键内容可供参考？

ChatGPT 回答

> 综合分析这两个文档，以下关键内容可供参考。
>
> 食品安全的重要性：两篇文章都强调了食品安全是健康的基础，对于食品加工产业来说尤其重要。相关部门需要制定食品安全管理条例，明确安全责任制度、管理流程，规范供应链管理体系，提高食品安全评估的精准性。
>
> 食品加工生产环节中的安全隐患：一些食品加工企业为

了控制成本，在生产规模不足的情况下，接收各种食品加工生产订单，安全生产管理不到位，食品质量检查不专业，对食品安全造成巨大的安全隐患。例如，酱料、佐料等食材的生产加工，安全隐患众多。一些小厂家生产环境简陋，缺乏经营管理经验，对食品生产安全认识不足，存在原材料管控不严格，生产工艺控制不到位等情况，导致生产的产品存在受到污染的风险。

……

以上内容仅供参考，建议查阅关于食品安全和食品加工的文献资料以获取更全面、准确的信息。

（以上内容由 ChatGPT 生成，有删节。）

ChatGPT 总结分析了两篇文档，提炼出了文档中的关键信息，如"食品安全的重要性""食品加工环节中的安全隐患""食品安全管控方式"等，用户可以根据自己的论文研究方向选择合适的文献放入自己的论文中。

【让综述更好】

当文献较多、篇幅过长时，用户可以把文献先上传到 ChatGPT 上，让 ChatGPT 做初步的分析总结。根据分析结果，用户可以对 ChatGPT 进行提问，以便更加了解文献的内容。

示例 1：文章中提到的解决食品安全问题的关键措施有哪些？

示例 2：食品供应链中存在的安全隐患有哪些？如何结合实际情况提出解决方案？

示例 3：如何通过制定监督管控办法来提高食品安全管控

质量?

2.1.4 用 ChatGPT 进行数据采集和分析

数据是支撑研究、验证假设和提供证据的重要组成部分。在采集与分析数据这个环节，用户可以使用 ChatGPT 来协助完成相关工作。

用户提问

> 可以向我提供××餐厅的食品生产、加工、储存、运输、销售等环节的数据吗？

ChatGPT 回答

> 很抱歉，我无法提供特定餐厅的食品生产、加工、储存、运输、销售等环节的数据，因为这些数据通常属于商业机密，并且受到隐私和商业法律的保护。获取这些数据需要得到餐厅的明确许可，并遵守相关法规。
>
> 如果你对特定餐厅或餐饮行业的数据感兴趣，最好的方法是与相关机构、餐厅所有者或政府部门联系，看是否可以获取有关食品生产、加工、储存、运输、销售等方面的数据。另外，一些餐饮行业的市场研究报告和学术研究可能提供相关信息，你可以查找这些资源以获取有关餐厅业务的数据和见解。
>
> （以上内容由 ChatGPT 生成，未改动。）

由于某些数据属于商业机密，ChatGPT 没有权限获取这些数据，因此在采集数据的时候，需要征得数据所有人的许可。虽然不能直接获取数据，但 ChatGPT 可以对用户采集到的数据进行分析，帮助用户更好地呈现数据，证明论点。

背景：用户采集了食品生产、加工、运输、销售等各个环节的数据，将数据整理到文档中然后上传到了 ChatGPT 中，现在需要 ChatGPT 对这份数据进行分析。

用户提问

从这份数据中，发现餐厅存在哪些问题？

ChatGPT 回答

一、食品生产环节问题

1. 卫生问题

每月平均卫生违规次数：15 次。

卫生问题包括：餐具清洁度、工作区域卫生、员工卫生措施不足等。

2. 原材料质量问题

每季度原材料不合格次数：10 次。

原材料问题包括：过期食材、质量不达标的食材。

二、食品加工环节问题

温度控制不当。

> 年度平均温度控制违规次数：20次。
>
> 温度控制问题包括：食品储存温度过高或过低，导致食材变质。
>
> ……
>
> （以上内容由ChatGPT生成，有删节。）

ChatGPT分析出了餐厅在各个环节中的违规次数和存在的问题，这些问题直接影响着食品安全。用户还可以向ChatGPT提出其他的问题，通过ChatGPT的回答，进一步论证论文中的观点。

示例1：餐厅如何记录和管理与食品安全相关的数据？

示例2：餐厅是否使用可追溯性系统来跟踪食品的来源和流向？

【让数据更好】

为确保ChatGPT提供的数据准确、完整、一致、可靠，并且没有错误，用户可对ChatGPT进行提问。

示例1：请验证这些数据的准确性和完整性。

示例2：请问如何评估数据的可靠性，尤其是来自不同来源的数据。

2.1.5 用ChatGPT提炼论文摘要

论文摘要是论文的开头，它可以呈现论文研究的关键信息，吸引读者，并且在进行学术交流方面发挥着关键作用。一般论文的摘要都是根据论文的内容进行提炼的，是对论文主要内容的概括和总结。

第 2 章 ChatGPT 与本科生论文写作

背景： 用户围绕"食品安全"这个方向撰写了毕业论文，题目是"食品供应链可追溯性对食品安全的影响"。现将论文的主要内容上传到了 ChatGPT 上。

用户提问

请参照我上传的文档，概括论文内容，提炼出论文摘要。

ChatGPT 回答

食品供应链可追溯性对食品安全的影响已成为全球食品行业关注的焦点。本论文通过分析食品供应链中的可追溯性系统的实施和运用，旨在揭示其对食品安全的积极影响。我们的研究发现，通过建立可追溯性系统，食品供应链的透明度得到了显著提高，食品从生产到销售的每个环节都可以追踪。这有助于食品生产企业快速识别受污染或不合格的食品，并及时采取措施，从而减少食品召回的次数和规模。此外，可追溯性系统还促进了食品供应链各方之间的协作和信息共享，提高了整个系统的食品安全意识。然而，我们也发现可追溯性系统的有效性取决于其正确的实施和维护，以及监管政策的支持。因此，未来的研究应重点关注可追溯性系统的最佳实践和监管机制，以进一步提高食品供应链的食品安全水平。食品供应链的可追溯性不仅有助于降低食品安全风险，还有助于增强消费者对食品质量和安全的信心，对于维护公

> 共健康和食品行业的可持续发展至关重要。
>
> ……
>
> （以上内容由 ChatGPT 生成，有删节。）

ChatGPT 的回答简单明了，容易理解，没有使用过多的术语或复杂的句子结构，还包含了研究的主要内容，有助于读者理解论文的架构逻辑。当然 ChatGPT 提供的摘要并不是最优秀的，毕业生可以分析 ChatGPT 是如何进行提炼的，以更好地提炼自己的论文摘要。

【让表达更好】

用户在让 ChatGPT 提炼论文摘要的时候，可以加限制字数的要求，确保 ChatGPT 在字数限制范围内表达清楚论文的主要内容。

示例 1：请根据上传的论文，提炼论文摘要，字数限制在 200～300 字。

示例 2：请根据上传的论文，提炼论文摘要，不超过 500 个字。

2.2 用 ChatGPT 圈定选题和进行论文构思

2.2.1 用 ChatGPT 圈定选题范围

在宽泛的主题下，论文研究可能会失去焦点，难以找到明确的问题，进而影响论文研究的质量。通过使用 ChatGPT 圈定选题的范围，用户能够集中精力解决特定问题，确保论文研究的连贯性和深入性。

第 2 章　ChatGPT 与本科生论文写作

用户提问

我是一名行政管理专业的学生，现在要准备毕业论文，但是我现在毫无头绪，不知道从哪些方向入手，可以为我提供一些关于选题方向的建议吗？

ChatGPT 回答

以下是一些行政管理领域潜在的研究方向，供你参考。

1. 公共政策评估：分析某一政策的实施和影响，探讨其有效性和可持续性。

2. 组织文化和领导力：研究组织文化如何影响员工绩效和工作满意度，以及领导力在其中的作用。

……

7. 国际比较研究：比较不同国家或地区的行政管理体系，分析其异同和最佳实践。

希望这些建议能帮助你找到合适的毕业论文选题方向。记得在选择后与导师进一步讨论和确认选题，以确保你的研究方向是可行的。

（以上内容由 ChatGPT 生成，有删节。）

如果 ChatGPT 的回答内容比较少，可供选择的方向不多，用户发现没有合适的选题方向，可对 ChatGPT 进行追问。

用户追问

> 可以再罗列一些研究方向吗?

ChatGPT 回答

> 当选择行政管理领域的研究方向时,还有许多潜在的选题。以下是更多的研究方向供你考虑。
>
> 1. 政府与非营利组织合作:研究政府和非营利组织之间的合作模式,以及这种合作对公共服务的影响。
>
> ……
>
> 12. 政治参与和公共政策:研究政治参与的影响,以及公众如何参与政策制定和决策过程。
>
> (以上内容由 ChatGPT 生成,有删节。)

根据 ChatGPT 罗列的选题,用户对"食品安全"很感兴趣,但是食品安全下面也有诸多分类,需要再次缩小选题范围。

用户追问

> 我想在"食品安全"领域写论文,可研究的方向有哪些?

ChatGPT 回答

> 在食品安全领域写论文可以涵盖多个潜在的研究方向,

> 以下是一些可能的选题方向。
>
> 　　1. 食品安全政策和法规：研究不同国家或地区的食品安全政策和法规，以及它们如何影响食品供应链、食品生产和消费者权益。
>
> 　　2. 食品安全监管：分析政府和监管机构在确保食品安全方面的作用，探讨监管体系的作用和面临的挑战。
>
> 　　……
>
> 　　（以上内容由 ChatGPT 生成，有删节。）

ChatGPT 围绕"食品安全"这个领域给出了很多研究方向，用户可以与导师进行讨论，获取指导意见，进而圈定论文的选题。

【让选题更好】

（1）明确研究方向

用户首先要向 ChatGPT 明确自己的专业方向或者研究领域。

示例 1：我是旅游管理专业的。

示例 2：我主要研究社会因素对语言使用的影响。

（2）罗列出关键词

用户可罗列与研究主题相关的关键词，如"食品安全""食品危机""食品监督"等，ChatGPT 将根据这些信息生成更具吸引力和相关性的选题选项供用户参考。

2.2.2　用 ChatGPT 生成研究方法和思路

研究方法和思路是进行论文研究的关键方面，有助于用户规划研究过程、收集数据、分析结果和达到研究目标。有些用户可能不知道都有哪些研究方法和思路，这个时候可以向 ChatGPT 进行询问，以选择适合自己的研究方法和思路。

用户提问

在本科毕业论文的写作过程中，常用的研究方法和思路都有哪些，请帮我列举一下。

ChatGPT 回答

文献回顾：通过综述和分析相关文献，总结前人研究的主要发现和观点，识别研究领域的关键问题，并提出新的研究问题或观点。

调查研究：设计和分发调查问卷，收集来自受访者的定量数据，以回答研究问题。这种方法常用于社会科学和管理学科。

案例研究：选择一个或多个案例进行深入研究，以了解特定情境、组织或事件。案例研究可用于多个学科和领域，如商业领域、心理学和社会学。

实验研究：在受控条件下操作变量，以测试假设和确定因果关系。实验研究通常用于自然科学、心理学和医学等领域。

问卷调查：设计和分发标准化的问卷，以收集受访者的意见、态度和观点。问卷调查适用于许多学科，包括社会科学和健康科学。

> 实地调查：在自然环境中进行数据收集，以观察和记录现象。实地调查常用于生态学、人类学和地理学等领域。
>
> ……
>
> （以上内容由 ChatGPT 生成，有删节。）

ChatGPT 的回答列举了多个研究方法和思路，可以选择适合自己论文的研究方法和思路。ChatGPT 只是罗列了方法的基本概念，想要了解方法的具体实施，还需要继续追问 ChatGPT。

【让方法更好】

（1）提问的问题要清晰

用户向 ChatGPT 提问时，应简明扼要地概括论文研究的中心问题，问题的陈述要明确、明晰，避免模糊或含糊不清的描述有助于 ChatGPT 生成合适的研究方法和思路。

（2）明确的建议需求

如果需要关于特定研究方法的建议，请提出明确的需求。

示例1：如何测试和验证问卷的有效性？

示例2：如何确保问卷调查的响应率和质量？

示例3：如何分析问卷调查数据和制作报告？

（3）深入的解释和示例

用户可要求 ChatGPT 提供详细的解释和示例，以帮助其更好地理解所选研究方法的操作细节。这可以包括有关数据收集、样本选择、分析步骤和结果解释的具体说明和示范。

2.2.3 用 ChatGPT 扩展论文观点和论证

论文的观点是论文中的主要主张或中心思想，是整个论文的核心。论文的论证是使用证据和逻辑来验证或证明中心观点。当用户感觉自己的论文的观点或者论证过于单薄时，可以寻求 ChatGPT 的帮助，拓展论文的观点和论证。

用户提问

> 我的论文论点是"社交媒体对青少年的影响是负面的"。论证是"社交媒体会使青少年沉迷于手机和电脑，挤占大量的学习时间而影响他们正常的学业和社交"。我感觉我的论点与论证过于单薄，可以为我扩展一下吗？

ChatGPT 回答

> 关于论点的扩展
>
> 社交媒体对青少年的负面影响是一个备受关注的话题。通过进一步扩展您的论点，可以加深读者对这个问题的理解。
>
> 心理健康方面的扩展：社交媒体的使用与青少年的心理健康之间存在密切关系。探讨社交媒体使用如何影响青少年的焦虑水平、自尊心和心理幸福感。引入相关的研究结果来支持您的观点。
>
> 社交媒体与身体健康的联系：深入研究社交媒体如何影响青少年的身体健康。这可以包括坐姿不良导致的健康问题、睡眠不足以及缺乏体育锻炼的影响。提供实际案例和统计数

第 2 章　ChatGPT 与本科生论文写作

> 据，以支持这些观点。
>
> ……
>
> 关于论据的扩展
>
> 您的论据提到了社交媒体对学业和社交的负面影响，下面是对这些方面的进一步扩展。
>
> 学业影响的深入分析：详细分析社交媒体如何挤占青少年的学习时间。探讨社交媒体的吸引力，以及视频和游戏如何分散学生的注意力。引入学术研究和调查数据来说明社交媒体使用与学业成绩下降之间的关系。
>
> 社交媒体的沉迷和注意力问题：解释社交媒体沉迷如何导致青少年对学业失去兴趣，以及长时间使用社交媒体对大脑注意力机制的影响。您可以引用神经科学领域的研究来支持这一观点。
>
> ……
>
> （以上内容由 ChatGPT 生成，有删节。）

从 ChatGPT 的回答来看，ChatGPT 分别<u>从论点和论据两方面进行了扩展</u>，并且<u>进行了多个角度的扩展</u>，内容丰富。但是生成的扩展内容<u>只是提供了一些方向和思路，不是拿过来即可用的</u>，还需要用户根据自己的思路继续进行研究分析，这样有助于培养用户的思考能力。

【让论点更好】

（1）多角度思考

与 ChatGPT 进行多角度对话，以获取更多关于社交媒体负面影响的观点。如社交孤立、心理健康问题。

示例1：青少年在社交媒体上的互动是否导致了现实世界中的社交孤立问题？

示例2：社交媒体使用是否与青少年的心理健康问题相关？有研究证明社交媒体对心理健康产生积极或消极影响吗？

示例3：有没有研究探讨过社交媒体使用与青少年焦虑、抑郁或自尊心问题之间的关系？

用户提问

有没有研究探讨过社交媒体使用与青少年焦虑、抑郁或自尊心问题之间的关系？

ChatGPT 回答

是的，有很多研究探讨了社交媒体使用与青少年焦虑、抑郁或自尊心问题之间的关系。这些研究通常涉及大规模的调查、长期追踪研究以及心理学和健康科学领域的研究。以下是一些关于这一主题的一般研究发现。

社交媒体与焦虑和抑郁

一些研究发现，过度使用社交媒体可能与青少年的焦虑和抑郁症状增加有关。这可能与社交比较、网络欺凌、睡眠

> 不足等因素有关。
>
> 社交媒体与自尊心问题
>
> 一些研究指出，社交媒体的使用与青少年自尊心问题之间存在一定的关联。青少年可能会受到社交媒体上的判断标准和社交比较的影响，从而对自己的身份形象和价值观产生负面影响。
>
> ……
>
> （以上内容由 ChatGPT 生成，有删节。）

（2）查找相关文献

使用 ChatGPT 查找与社交媒体对青少年影响相关的最新研究，寻找相关的论点，从中获得启发。

【让论证更好】

（1）引入更多的案例研究

可以让 ChatGPT 提供更多关于社交媒体对青少年有负面影响的具体案例。使用案例来丰富论证，使论点更具体可信。

（2）考虑对立观点

让 ChatGPT 提供一些可能的对立观点，如一些人认为社交媒体对青少年没有负面影响的观点。然后，在 ChatGPT 的帮助下反驳这些观点，以加强论文的论证。

2.2.4　用 ChatGPT 辅助论文结构设计

ChatGPT 不仅能提供关于如何构建一个有条理的论文的建议，还可以帮助用户思考论文逻辑和内容的安排。

秒变 AI 论文写作高手

用户提问

我正在写一篇本科毕业论文,主题是"社交媒体对青少年的负面影响",您能给我关于如何设计论文结构的建议吗?

ChatGPT 回答

1. 封面页

包括论文题目、您的姓名、指导教师的姓名、学院/部门名称、学校名称、论文提交日期等信息。

2. 摘要

提供关于论文的简要总结,包括研究问题、研究方法、主要结果和结论。

3. 目录

列出各个章节的标题和对应的页码,以方便读者检索。

4. 表格和图形清单

如果您在论文中使用了表格和图形,可以在这里列出它们的标题和对应的页码。

5. 引言

介绍论文的主题,解释为什么这个主题重要,明确研究问题,并提出论文的主要论点。

6. 文献综述

回顾前人的研究,包括社交媒体对青少年的影响的相关文献。评估已有研究,并确定您的研究如何填补研究空白。

> 7. 方法
>
> 详细描述您的研究设计，包括数据收集方法、样本选择方法、研究工具等。解释为什么选择了这些方法，并提供数据分析的结果。
>
> ……
>
> （以上内容由 ChatGPT 生成，有删节。）

ChatGPT 根据论文主题辅助设计了一个完整的论文结构，可以供用户参考。但是，ChatGPT 的建议可能不一定符合学术写作的专业标准，因此用户仍需要依赖导师的指导。

【让框架更好】

（1）明确论文主题

在与 ChatGPT 讨论时，要向 ChatGPT 提供论文主题，以便 ChatGPT 了解论文的研究领域和重点，进而提供相关的建议。

（2）与 ChatGPT 反复交互

可以与 ChatGPT 进行多次交互，逐步完善论文结构，确保每个部分都得到充分的考虑和改进。

示例 1：有没有一些建议，可以使我的引言部分更引人入胜？

示例 2：我在文献综述部分不确定如何组织内容，您有什么建议吗？

示例 3：在结论部分，我应该如何描述我的研究数据，以最好地支持我的观点？

示例 4：有没有一些过渡词语或短语的示例，可以帮助我改善段落之间的流畅性？

2.3 用 ChatGPT 修改和优化论文

2.3.1 用 ChatGPT 优化论文大纲和逻辑

为使论文有条理且易于理解,更好地突出论文的观点和论证,可以使用 ChatGPT 对大纲和逻辑进行优化,以提高论文的质量。

背景:用户上传了论文的大纲。

用户提问

> 能对论文的大纲和逻辑进行优化吗?

ChatGPT 回答

> 当然可以对整篇论文的大纲和逻辑进行优化。下面是一个优化后的大纲示例,它更详细地描述了每个部分的内容和逻辑结构。
>
> 论文大纲
>
> 一、引言
>
> A. 背景介绍
>
> 1. 社交媒体的普及与青少年
>
> 2. 研究背景和重要性
>
> B. 研究目的与问题
>
> C. 文献综述
>
> 1. 社交媒体对青少年的影响概述

> 2. 先前研究的主要发现
>
> D. 研究假设和方法概述
>
> 1. 研究问题
>
> 2. 假设
>
> 3. 研究方法简介
>
> 二、社交媒体的影响机制
>
> A. 社交媒体使用对青少年学业表现的影响
>
> ……
>
> （以上内容由 ChatGPT 生成，有删节。）

ChatGPT 对论文的各个部分进行了优化，使大纲清晰明了且涵盖了各个关键部分，为论文写作提供了清晰的指导。用户可以根据这个大纲分析自己的论文大纲，选择适合的内容补充进去，以不断优化自己的论文。

【让框架更好】

（1）提供明确的论文大纲

让 ChatGPT 进行优化前，用户要写好论文的主要章节和子章节的标题，这样 ChatGPT 才能提供建议，理顺各章节之间的关系，使论文有清晰的逻辑结构。

（2）填充细节和例子

用户可使用 ChatGPT 来填充大纲中的各个章节，添加更多的细节、例子和支持性信息，帮助提炼每个章节的重点和关键信息。

示例 1：现在我有了论文大纲，但我需要更多的细节来填充每个章节。可以提供每个章节的具体细节和要点吗？

示例2：我需要更多的支持性信息来说明我的论点。你能为我提供一些关于每个章节的详细信息或相关研究结果吗？

2.3.2 用 ChatGPT 优化语言表达和充实内容

良好的语言表达可以增加论文的可读性，使读者更容易理解论文的观点和论证。用户通过使用 ChatGPT 充实论文内容，让 ChatGPT 提供更多的细节、例子和证据，来支持论文的观点，增强论文的可信度和说服力。

背景：用户上传了论文的初稿。（因篇幅问题，省略。）

用户提问

> 请优化这篇论文的语言表达，充实论文的内容。

ChatGPT 回答

> 1. 引言
>
> 优化语言表达，使其更具吸引力。例如，可以将句子重构为更具流畅感的形式，以引起读者的兴趣。
>
> 在引言中可以添加一两句话，解释为什么社交媒体对青少年学业的影响是一个重要的研究主题，以增强背景介绍。
>
> 2. 文献综述
>
> 在文献综述中，可以更详细地阐述积极和消极影响的具体例子，以及不同研究的发现。这可以通过引用相关研究来支持。

> 可以为每个理论模型提供更多的解释,以帮助读者更好地理解它们的作用。
>
> 3. 研究问题和假设
>
> 假设可以更具体,明确说明研究中要探讨的内容。例如,可以说明使用的社交媒体类型和学业表现的具体衡量方法。
>
> ……
>
> (以上内容由 ChatGPT 生成,有删节。)

ChatGPT 的回答在语言表达和内容充实方面提供了改进的建议,可以使论文更具吸引力。这些建议不但有助于提高论文的质量,还能提升其他人对此论文研究的理解和兴趣。

【让表达更好】

(1)调整论文措辞

用户可使用 ChatGPT 来调整语言和措辞,寻找更好的词汇和短语,以提高语言的流畅性。

示例1:我想提高我的论文的语言质量,使其更流畅和更有说服力。能否提供一些替代词汇或短语,以改进我的措辞?

示例2:有没有建议,可以使论文表达更精确和生动,同时避免冗长或模糊的表述?

(2)组织论文段落

用户可使用 ChatGPT 来帮助构建清晰的段落结构,确保每个段落都有一个明确的主题,并使用事实、例子和引用来支持主题,丰富论文的段落。

（3）去除论文冗余

用户可利用 ChatGPT 检测并消除论文的冗余内容，在写作时，确保每个句子都有独特的信息，不重复之前的内容。

示例1：我怀疑我的论文中可能存在一些重复或冗余的内容。能否帮我检查并识别这些问题，并提供删除或合并冗余内容的建议？

示例2：如何确保我的论文中没有重复的句子或观点，以使论文更紧凑和有效？

2.3.3 用 ChatGPT 寻找案例和数据

为了加强论文研究的可信度，用户可利用 ChatGPT 为自己提供案例和证据，来支持研究的论点。引人注目的案例和数据可以引发读者的兴趣，使他们更愿意深入了解论文研究的内容。

用户提问

> 为加强论点"社交媒体使用时间与青少年学业表现负相关"的可信度，请为我提供相关的例子和数据。

ChatGPT 回答

> 我将为您提供一些关于社交媒体使用时间与青少年学业表现负相关的示例和数据，这些数据可以用于加强您的论点的可信度。请注意，这些示例和数据是基于我之前的知识提供的，具体数据可能会随时间的变化而变化，因此在实际撰

写论文时，请确保使用最新的可信数据。

研究示例：一项由皮尤研究中心（Pew Research Center）进行的调查显示，超过70%的青少年每天使用社交媒体，而其中约40%的青少年表示他们会在学校使用社交媒体。这种频繁的社交媒体使用与学业表现下降之间存在一定的相关性。

学术研究：根据一项发表在《儿童与青少年学术心理学杂志》上的研究，青少年每天使用社交媒体超过2小时的学生，其平均GPA（Grade Point Average，平均学分绩点）相对较低，而那些每天使用社交媒体不到1小时的学生则表现更好。

教育机构数据：某个教育区域的数据显示，在学校将社交媒体使用限制为学习时间之外的青少年学生，与那些没有限制的学生相比，其考试成绩和学业表现相对更好。

心理学研究：根据一项发表在《心理学杂志》上的研究，社交媒体上的负面互动（如网络欺凌）与青少年的学业表现下降之间存在关联，负面互动可能导致青少年心理健康问题，进而影响学习。

……

（以上内容由ChatGPT生成，有删节。）

ChatGPT的回答提供了一些示例和数据，这有助于加强论点的可信度。然而，需要注意的是，这些示例和数据的来源和具体数据值并没有提供，因此在实际写作中需要确保找到和引用可信的研究和统计数据。

此外，回答中也没有详细分析这些示例和数据的含义，以及它们如何与论点相关，需要进一步的分析和讨论。总体而言，ChatGPT 的回答提供了一个良好的起点，但在写作过程中用户需要对示例和数据进一步挖掘和解释。

【让案例更好】

（1）补充案例的完整性

用户可通过 ChatGPT 丰富案例中的内容，使案例的语言描述更加丰富，让读者能够形象地想象发生的情景。

（2）表达案例的相关性

用户可使用 ChatGPT 来阐述案例与论文主题之间的关联。例如，ChatGPT 可以帮助阐述案例是如何与主题"社交媒体使用时间与青少年学业表现负相关"密切相关的。

（3）增强案例的真实性

用户可通过 ChatGPT 提供案例的来源、数据或证据的详细信息，以增强案例的真实性和可信度。ChatGPT 可以描述案例采集数据的方式，或者提供案例的真实故事给用户作为支持。

【让数据更好】

（1）确保数据的准确性

用户可用 ChatGPT 校对和验证数据，确保数字和统计数据的准确性；用户可以让 ChatGPT 帮助查看数据输入、计算过程和结果，以防止错误。

（2）展示数据的可视化效果

用户可向 ChatGPT 描述想要的数据可视化效果，如表格或图形等，让 ChatGPT 生成相应的形式，以使数据更生动和易于理解。

示例1：我想为我的论文创建一些图形，以更生动地展示数据。你可以帮我生成各种类型的图形，如柱状图、折线图或饼状图吗？

示例2：有没有建议，可以帮助我选择最适合展示我的数据的可视化形式？

示例3：如何使我的数据可视化更具吸引力，以吸引读者的注意力并展示我的研究结果？

（3）进行数据的比较

用户可使用 ChatGPT 来比较不同数据集之间的差异，以加强观点和论证。

2.3.4 用 ChatGPT 检查语法和字词错误

检查语法和字词错误有助于提高论文的质量、可读性和可信度，增加论文被接受和引用的机会。用户在提交论文之前要仔细检查语法和字词错误，确保论文在语言方面达到标准。

背景：用户上传了论文初稿中的两段话。

用户提问

> 请检查这两段是否有语法和字词错误，如果有，请指出。

ChatGPT 回答

> 该标题为"社交媒体对青少年学业表现的影响及其机制"，这句话中，"标题为"后面应该跟一个冒号"："。
>
> "而在这部分研究中我们重点探讨的是"这个句子中，"重

点探讨的是"后面应该跟一个宾语,即"什么"。这里可能漏掉了一个宾语,比如"社交媒体使用时间与青少年学业表现之间的联系"。

"过度使用社交媒体会让青少年感到焦虑和压力增大,进而对学业表现产生负面影响。"这句话中,"增大"应该是"增加"。

"例如,如果一个青少年在社交媒体上花费大量时间比较自己和其他人的成绩和地位,"这句话中,"比较自己和其他人的成绩和地位"应该是"和其他人的成绩和地位进行比较"。

"他可能会感到焦虑和压力,进而影响他的学业表现。"这句话中,"他可能会感到焦虑和压力"应该是"他可能会感到焦虑和压力大"。

......

(以上内容由 ChatGPT 生成,有删节。)

ChatGPT 指出了论文中存在的语法和字词错误,并**提供了修正建议**,能**帮助用户在语言表达上更加准确和流畅**,从而提高论文的质量和可读性。但是要注意,**有些词语是专业术语**,表达方式可能与正常的文本不同,**要注意甄别**。

【让语言更好】

(1)语法审查

用户可使用 ChatGPT 作为语法审查的工具,对每个句子进行逐一检查。ChatGPT 能够**识别并纠正常见的语法错误,如主谓不一致、词性错误等**。

示例1：我需要对我的论文进行语法审查，请逐一检查每个句子以确保没有语法错误。

示例2：我担心我的文章中有句式方面的问题。你可以帮我查找并修复这些问题吗？

（2）字词检查

用户可使用 ChatGPT 检查字词错误，包括错别字和标点符号。ChatGPT 还可以提供更多行文建议，以确保纠正的字词和标点符号在句子中得体。

（3）语法学习

用户可利用 ChatGPT 学习，向它提出关于语法的问题，以加深语法知识。ChatGPT 可以解释为什么某些表达方式更符合语法规则，避免相同类型的错误。

第 3 章 ChatGPT 与硕士生论文写作

3.1　ChatGPT 辅助硕士论文开题

3.1.1　用 ChatGPT 验证自己的论文选题

在写作硕士论文时,用户可以向 ChatGPT 提供选题方向,利用相关信息与之进行交互提问。ChatGPT 可以为用户提供背景资料、相关研究成果和最新进展,以确保用户的选题具有学术价值和研究意义。

ChatGPT 还可以帮助用户在开题阶段拓展思路。通过与 ChatGPT 讨论论文的研究目标、研究方法和预期结果,用户可以让 ChatGPT 为其提供建议、解答疑问,并提供可能的研究路径和实用的研究资源。

用户提问

> 企业战略与竞争优势,这个主题在作为经管学院研究生毕业论文选题时,会有什么错误的写作方向。

ChatGPT 回答

> 在研究企业战略与竞争优势的论文选题时,可能会遇到以下错误的写作方向。
>
> 1. 表面性的描述:论文只停留在对企业战略和竞争优势的表面性描述,没有深入分析和研究。这样的论文缺乏独特的见解和深度的思考。
>
> 2. 缺乏理论支持:研究论文应该基于相关的理论框架和

概念，但有时候学生可能忽视对已有理论的回顾和分析，导致缺乏理论支持，影响论文的学术质量。

3. 方法论不合理：研究方法是支撑论文研究结论的重要组成部分，但有时学生可能选择了不适当的方法或没有详细说明研究方法的合理性和可行性，从而影响论文研究的有效性。

4. 缺乏实证分析：对于企业战略和竞争优势的研究，仅凭理论分析是不够的。缺乏实证分析，如数据采集、统计分析和案例研究等，会导致论文缺乏实用性和可行性。

5. 泛泛而谈：有时候学生可能只是泛泛而谈，没有针对具体的行业或企业进行研究和分析。这样的论文缺乏深度和专业性，无法提供有价值的结论和建议。

为了避免这些错误，研究生在选择这个主题时应注意以下几点：

确定明确的研究问题或假设；

深入研究相关的理论框架和概念；

选择适当的研究方法，并详细说明研究方法的合理性和可行性；

结合实际案例和数据进行实证分析；

针对特定的行业或企业进行研究和分析，提出具体的结论和建议。

如能避免这些错误，你的研究论文将更加深刻、新颖，并对工作实践产生客观的影响。

（以上内容由 ChatGPT 生成。）

ChatGPT可以帮助用户多角度论证论文的选题方向是否正确，以及提示用户在此选题下，会有哪些错误的写作角度。通过ChatGPT的指导，用户可以更精准地找到写作的正确方向。

【让选题更好】

用户向ChatGPT提问时必须让其理解你想要的是什么，以及你关注的重点是什么。用户可以向chatGPT提供研究领域相关的理论框架、理论模型和概念等，让其理解和把握当前研究的主要理论基础，从而更好地为论证选题是否正确提供理论支持。

例如，向ChatGPT提供"资源基础理论"的理论框架，并要求其基于此框架进行分析。你可以提问："如何挖掘一家企业的独特资源和潜力，如何将其转化为竞争优势，并分析企业在市场中的表现？"让其帮助你验证论文选题和理论框架是否符合选题方向。

3.1.2 用ChatGPT验证自己的研究方法

在开题阶段，ChatGPT能帮助用户扩展思路，用户可以与ChatGPT讨论论文的研究目标、研究方法和预期结果，以获取有益的建议。ChatGPT可以为用户提供可能的研究路径和实用的研究资源，帮助用户更好地确定硕士论文的研究方法。

根据选题需求，用户可以请ChatGPT提供适用的研究方法和数据采集建议。无论是定性研究还是定量研究，ChatGPT都可以给出一些验证建议，帮助用户设计出科学合理的研究方法。

背景：用户上传了论文段落。

引言：合并与收购是企业发展中常见的战略选择之一，

但其对企业竞争优势的影响一直备受关注。本论文旨在通过运用问卷调查研究方法，探讨合并与收购对企业战略和竞争优势的影响。

……

研究方法：本研究采用了定量的问卷调查方法。首先，我们设计了一份针对合并与收购企业的调查问卷，调查内容包括合并与收购前后的战略调整、市场份额的变化，以及企业效益等。通过对样本公司的高层管理人员进行访谈和数据收集，我们得到了一系列有关合并与收购对企业战略和竞争优势的影响的数据。

研究结果：根据对问卷调查数据的分析，我们发现合并与收购对企业战略和竞争优势产生了显著的影响。首先，合并与收购能够带来资源整合和规模效应，提升企业的竞争力。其次，合并与收购还能拓展市场，提升品牌影响力和产品市场渗透度。最后，合并与收购还能够优化资源配置和降低成本，提高企业的效益水平。

……

用户提问

请分析以上内容，帮忙验证研究方法是否适合"合并与收购对企业战略和竞争优势的影响"这个论文主题，看这个论文主题是否有改进的空间或者更好的研究方法。

ChatGPT 回答

　　根据提供的段落内容，研究方法似乎是适合该论文主题的。采用定量的问卷调查方法，通过设计针对合并与收购企业的调查问卷，探讨了合并与收购对企业战略和竞争优势的影响。通过访谈和数据收集方式获取样本公司高层管理人员提供的数据，进而分析了合并与收购对企业战略和竞争优势的影响。

　　然而，对于研究方法是否存在改进的空间，我们可以考虑以下几点。

　　多元方法：除了问卷调查外，可以考虑结合其他研究方法，如深度访谈、案例研究等，以获取更全面的、多角度的数据。不同的研究方法有助于增加研究结果的可靠性和准确性。

　　样本选择：需要评估所选择的样本公司是否具有代表性，并且能否充分反映不同行业和企业类型的情况。如果样本选择过于局限，可能导致研究结论存在偏差。因此，在扩大样本规模的同时，还应注重不同行业和企业类型的覆盖。

　　长期观察：为了更好地理解合并与收购对企业战略和竞争优势的影响，可以考虑进行长期观察，跟踪样本公司在合并与收购后的变化。这样可以更全面地了解合并与收购对企业战略调整、市场份额、效益水平等方面的影响。

　　总之，上述提供的研究方法已经初步探讨了合并与收购对企业战略和竞争优势的影响，但仍存在改进的空间，如引

第 3 章 ChatGPT 与硕士生论文写作

> 入多元方法、优化样本选择和进行长期观察等。这些改进将有助于提高研究的可靠性和适用性,并进一步加深我们对合并与收购对企业竞争优势影响的理解。
>
> (以上内容由 ChatGPT 生成。)

ChatGPT 分析了研究方法是否适合论文主题,指出了改进的空间,并重点强调了引入多元方法、优化样本选择和进行长期观察等的重要性,以提高研究方法的可靠性和适用性。

这些建议可以帮助我们更全面地探索合并与收购对企业战略和竞争优势的影响,并提供更具说服力的研究结论。

【让方法更好】

如何让论文的研究方法更适用于论文的论点?如何更好地论证和提升论文的研究方法?我们还可以在提问时界定研究目标,明确指出"希望通过该论文研究方法达到的目标是什么"或提及已经了解的相关研究方法,让 ChatGPT 基于某种模型、某种理论基础进行分析。

例如,用户向 ChatGPT 提供论文选题"合并与收购对企业战略和竞争优势的影响"的研究方向后,可向其提问:"如果我基于波特的五力模型评估企业在市场上的竞争优势,此研究方法是否能成功支撑该论文的研究结论?"

需要注意的是,ChatGPT 的建议和指导只是一个参考,对于最终研究方法的决定,用户应结合自身兴趣、能力和研究资源的性质进行综合考量,以确保研究方法的科学性和可行性。

3.1.3 用 ChatGPT 验证自己的写作思路

在撰写硕士论文时,用户可以基于自己的选题方向和论文提纲与 ChatGPT 进行对话,以获取有用的反馈和建议。

ChatGPT 可以帮助用户<u>检查论点的逻辑性、论据的可靠性,以及论文结构的合理性</u>,可以提供关于如何组织论文、如何有效地表达观点,以及如何使用相关文献来支持论据和论点的建议。

背景:用户上传了论文段落。

> 供应链管理在当今全球化的市场中扮演着越来越重要的角色。然而,一系列关键问题和挑战仍然存在,影响着供应链的效率。本文将对这些挑战进行深入分析,并提出相应的论点。
>
> 首先,供应链的透明度问题是最为突出的问题。由于缺乏透明度,供应链成员难以掌握货物的实时位置和状态,导致信息延迟和决策失误,从而引发库存积压、交货延迟等问题,严重影响供应链的效率。
>
> 其次,风险管理是另一个关键问题。供应链网络中的任何环节出现延误或中断,都可能对整个供应链产生重大影响。这种风险不仅来自自然灾害、交通事故等不可抗力因素,还来自人为的错误和破坏。因此,建立全面的风险管理制度是提高供应链效率的必要手段。
>
> 最后,技术应用的不足也是供应链管理的一大挑战。尽管已有许多先进的技术手段可用于提高供应链的效率,如物联网、大数据分析、人工智能等,但由于成本和技术门槛高

等原因,这些技术并未得到广泛应用。

综上所述,供应链管理中影响效率的关键问题和挑战主要包括缺乏透明度、风险管理不健全和技术应用不足等方面。为应对这些挑战并提高供应链效率,我们需要采取更加积极和创新的策略,如推广先进的信息技术、建立更加紧密的供应链伙伴关系等。同时,政府和企业也需要加大对供应链风险管理的研究和应用投入,以提升有效应对各种风险的能力。面对这些挑战,我们必须认识到供应链管理的复杂性,并做好全面、系统、科学的规划与管理,以确保供应链的高效运行。

用户提问

请分析以上内容,帮忙检查写作思路是否清晰,是否符合硕士研究生论文的写作逻辑,是否有改进的空间或者更好的写作思路。

ChatGPT 回答

根据你提供的内容,可以看出你对供应链管理中的挑战和问题有一定的了解,并对可能的解决方案进行了初步探讨。以下是一些关于该段落的分析和建议。

1.思路清晰:你在文章开头明确指出了本文将对供应链管

理中的挑战进行分析,并提出相应的论点。接下来,你列举了缺乏透明度、风险管理不健全和技术应用不足这三个关键问题,并对每个问题进行了简要的阐述。总体上,你的写作思路是清晰的,可以明确地了解到你想要讨论的问题和观点。

2. 硕士研究生论文逻辑:从论文的角度来看,你提出的问题是具有学术价值和实践意义的,符合硕士研究生论文的写作逻辑。你在文中提到的挑战也是供应链管理领域的热门话题,通过对这些问题的深入分析,你可以为该领域的研究和实践做出贡献。

3. 改进和补充:尽管你的分析已经涵盖了供应链管理中的一些关键问题,但你仍可以进一步补充和扩展你的观点。例如,在透明度问题方面,你可以讨论物联网、区块链等技术如何提高供应链的可见性和实时监控能力。在风险管理方面,你可以介绍一些常用的风险评估和应对策略,如供应链备份计划、多元化供应商选择等。对于技术应用不足的问题,你可以进一步探讨技术应用的障碍和解决办法,以及未来发展的趋势和前景。

4. 结论与建议:你可以在文章结尾总结提到的关键问题,并给出一些建议和未来发展的方向。例如,你可以强调推广先进的信息技术和数字化工具对提高供应链效率的重要性,以及政府和企业应加强研究投入和合作来解决挑战。

综上所述,你的写作思路清晰,符合硕士研究生论文的写作逻辑,但还可以进一步完善和深入探讨。通过补充更多的案例、数据和学术参考，你可以增强论点的可信度和说服力，并为读者提供更具体的解决方案和实施建议。请确保你的论文结构合理，段落之间的过渡流畅，并注意使用学术语言和引用参考文献来支持你的观点。

（以上内容由 ChatGPT 生成。）

ChatGPT 指出该论文写作思路清晰、论点明确，并提供了合理的解释。同时也给出了相关的修改意见，包括<u>通过添加具体数据和案例来加强和支持观点，以提高论文的说服力和实用性</u>。

ChatGPT 的回答在论文底稿的基础上提供了完善和修改的角度，对文章进行了全面的检查和评价。在后续的论文写作中，用户都可以利用这种 AI 工具来辅助其检查论文的写作思路。

【让思路更好】

利用 ChatGPT 辅助验证论文写作思路时，用户要先确定论文的主题和问题，这有助于 ChatGPT 缩小问题范围、提高回答的精确度。

例如，对于"供应链管理中影响供应链效率的关键问题和挑战"这个主题，用户可以向 ChatGPT 提供一些相应的关键词，如<u>"供应链管理""物流效率""供应链挑战"</u>等。

再比如，引入相关领域的术语和知识来提问，如"<u>零库存管理如何影响供应链效率？</u>""<u>如何应用跨层次存货管理策略以优化供应链效率？</u>"等。通过使用<u>相关领域的术语和知识</u>来提出问题，不仅可以使问题更加精确和专业，而且可以让 ChatGPT 更好地识别和理解问题。

3.2 ChatGPT 助力硕士论文写作

3.2.1 用 ChatGPT 进行相关文献检索

ChatGPT 可以根据用户提出的问题，提供一些初始的文献检索结果，从而帮助用户快速了解论文研究方向上已有的成果和最新的动态等。

ChatGPT 可以快速、准确地回答用户的问题，节省查找大量文献的时间和精力，让用户可以更加专注于文献的筛选和分析。

ChatGPT 可以根据用户提供的关键词和问题推荐一些与研究主题相关的经典或最新文献，有利于用户对研究现状和进展形成更全面的了解。

有些学术数据库可能并不那么易于使用，或者用户可能不熟悉某个特定领域的学术资源。ChatGPT 可以帮助用户扩大检索范围，寻找到更多的文献资料。

由于文献库规模庞大，常常会出现文献定位不准确、文献获取不及时或无法理解文献内容等情况。ChatGPT 可以帮助用户更好地理解文献内容，避免误解和困惑。

用户提问

> 我是一名经济学专业的硕士研究生，正准备写一篇宏观经济领域的硕士论文，请你根据这个研究方向为我介绍一下相关的经典文献。

ChatGPT 回答

当然,非常乐意为你介绍一些与宏观经济学相关的经典文献。以下是我推荐的一些文献。

1. John Maynard Keynes, *The General Theory of Employment, Interest and Money*(约翰·梅纳德·凯恩斯,《就业、利息和货币通论》)

这是一部非常重要的著作,被认为是现代宏观经济学的基础。凯恩斯的理论主张政府应该通过财政政策和货币政策来干预市场,以避免经济周期性的波动和不稳定。

2. Milton Friedman, *A Monetary History of the United States, 1867—1960*(米尔顿·弗里德曼,《美国货币史 1867—1960》)

这本书讨论了美国货币历史,并提出了一种货币量/价格水平关系的理论。作者的分析对于货币政策决策者非常有指导意义。

3. Robert Lucas, Jr., *Expectations and the Neutrality of Money*(罗伯特·卢卡斯,《预期和货币中性》)

这篇论文被认为是新古典宏观经济学的奠基之作。卢卡斯提出了有关经济体系内预期形成的新理论,揭示了预期如何影响经济活动和货币政策的有效性。

4. Thomas Piketty, *Capital in the Twenty-First Century*(托马斯·皮凯蒂,《21世纪资本论》)

这是一本相对较新的著作,皮凯蒂在书中提出了一个引起社会广泛关注的问题——财富分配的不公。他对资本积累

秒变 AI 论文写作高手

> 过程进行了深入的研究，找到了经济发展和不平等间的密切关系。
>
> 这里列出的文献只是经典中的几个代表，你可以查阅相关的学术期刊、系列论文、宏观经济学课本，以及其他参考资料，来获取更全面的宏观经济学知识。
>
> （以上内容由 ChatGPT 生成。）

ChatGPT 所检索的内容对宏观经济学方向的经典研究成果进行了概述，提供了一些著名的文献资料，涉及了凯恩斯、弗里德曼、卢卡斯、皮凯蒂等重要的经济学家的作品。

这些文献对于宏观经济学的理论和实践都有很大的影响，同时也确实存在不足，比如它漏掉了巴罗、法马、萨缪尔森等人的重要作品。

【让检索更好】

写作硕士论文不仅要参考经典文献，更要了解研究领域最新的研究方向和研究成果，只有站在前人的肩膀上，才能写出更好的论文。

用户追问

> 在宏观经济学研究领域，较新的研究方向和成果有哪些？涉及哪些具体文献？

ChatGPT 回答

在宏观经济学研究领域,目前有一些较新的研究方向和成果引起了广泛关注。以下是其中一些具体的研究方向和相关文献。

1. 新凯恩斯主义(New Keynesian Economics):这个研究方向强调市场失灵和不完全竞争的影响,对货币政策和经济周期起到重要作用。相关文献举例如下。

Woodford, M.(2003). *Interest and Prices: Foundations of a Theory of Monetary Policy*(迈克尔·伍德福德,《利息与价格:货币政策理论基础》,2003)

Gali, J., & Gertler, M.(2007). *Macroeconomic Modeling for Monetary Policy Evaluation*(若迪·加利,马克·格特勒,《货币政策评估的宏观经济模型》,2007)

2. 行为经济学(Behavioral Economics):该领域研究人们在经济决策中的行为和心理偏差,揭示了经济主体的有限理性特点。相关文献举例如下。

Thaler, R. H.(2015). *Misbehaving: The Making of Behavioral Economics*(理查德·泰勒,《"错误"的行为:行为经济学关于世界的思考,从个人到商业和社会》,2015)

Daniel Kahneman(2011). *Thinking, Fast and Slow*(丹尼尔·卡尼曼,《思考,快与慢》,2011)

3. 经济增长与创新(Economic Growth and Innovation):这个研究方向关注技术进步、创新和经济增长之间的关系。

相关文献举例如下。

Aghion, P., & Howitt, P.（2009）. *The Economics of Growth*（菲利普·阿格因，彼得·豪伊特，《增长经济学》，2009）

Acemoglu, D., & Robinson, J. A.（2012）. *Why Nations Fail*（德隆·阿西莫格鲁，詹姆斯·A. 罗宾逊，《国家为什么会失败》，2012）

4. 复杂性经济学（Complexity Economics）：复杂性经济学研究经济系统的非线性和动态特征，试图理解市场和经济现象的复杂行为。相关文献举例如下。

Arthur, W. B.（2014）. *Complexity and the Economy*（布莱恩·阿瑟，《复杂经济学》，2014）

Farmer, J. D., & Foley, D.（2009）. *The Economy Needs Agent-Based Modeling*（法默，弗雷，《经济需要基于代理人建模》，2009）

以上只是宏观经济学研究领域中的一部分较新的研究方向和相关文献，还有其他的重要研究方向如结构性变革与产业政策、环境经济学等。这些文献可以作为进一步了解相关研究方向的起点，挖掘更多前沿研究成果。

（以上内容由 ChatGPT 生成。）

3.2.2　让 ChatGPT 给出论文写作建议

ChatGPT 可以为用户提供关于论文结构和组织的建议。用户可以向 ChatGPT 描述研究内容和论文大纲，让 ChatGPT 帮助优化论文结构、段落安排和逻辑流程，使论文更具条理性和连贯性。

ChatGPT 可以对论文的表达和语言风格提出建议。用户可以向 ChatGPT 展示写作样稿或特定段落，让它帮助改善句子结构、修正语法错误、提供更准确的词汇选择，并提供一些建议来提升文笔的流畅性和学术性。

ChatGPT 可以对论证和论点提供指导。用户可以向 ChatGPT 陈述其主要观点和相关证据，让它帮助补充、扩展或加强论证，提供不同的思考角度和支持材料，从而增强论文的论点和说服力。

背景：用户上传了论文大纲。

> 摘要：
> 本研究探讨了美元与黄金价格波动之间的关系，并分析了这种关系的原因。研究结果表明，美元与黄金价格波动确实存在密切关系，二者中的一个变动可能会导致另一个变动。具体而言，美元走弱通常会导致黄金价格上涨，而美元走强则可能导致黄金价格下跌。这种关系主要归因于美元是世界储备货币而同时黄金被视为避险资产。
>
> 引言：
> 美元是全球最重要的储备货币之一，而黄金则一直被视为避险资产。事实上，美元与黄金之间的关系一直被投资者和分析师关注。一些人认为，美元汇率和黄金价格是成对的，即当美元升值时，黄金价格就会下跌，反之亦然。而其他人则认为它们之间存在更加复杂的关系。本研究旨在通过对美

元和黄金之间关系的深入分析来探讨这个问题。

相关文献综述：

大量文献表明，美元和黄金之间存在密切的价格波动关系。1999—2019年，美元指数与伦敦金市场的黄金价格之间的相关性为–0.47，也就是说，当美元价格上涨时，黄金价格通常下跌，反之亦然。类似地，另一项研究发现，2004—2016年，美元与伦敦和纽约市场的黄金价格之间的相关性为0.8，这种相关性超过了美元与其他商品和股票指数之间的相关性。

论证：

美元和黄金之间的价格波动关系可以追溯到20世纪70年代初，当时美国退出金本位制，美元汇率开始浮动。自那时，美元汇率成为世界货币市场上最重要的变量之一。事实上，长期以来美元被广泛用作各国外汇储备，因为它具有较高的流动性和巨大的交易规模。因此，全球主要中央银行储备的货币几乎全部是美元。由于黄金通常被视为避险资产，投资者和各国中央银行通常会将部分资产转换为黄金，以降低风险。因此，当美元走弱时，投资者通常会寻求避险资产，这就导致了黄金价格上涨。相反，当美元走强时，投资者通常更愿意持有美元而不是黄金，因此黄金价格可能下跌。

结论：

通过对美元和黄金之间关系的深入分析，本研究得出了一个结论：美元和黄金之间的价格波动确实存在密切关系。

第 3 章　ChatGPT 与硕士生论文写作

美元作为世界储备货币和黄金作为避险资产的地位是形成这种关系的主要原因。因此，在分析美元和黄金市场时，需要考虑它们之间互相影响的因素。

用户提问

以上是我的硕士论文的简单大纲，请你为我提供一些写作意见，帮助我更好地完成硕士论文。

ChatGPT 回答

你的硕士论文大纲看起来很有潜力！下面是几点写作意见，可以帮助你更好地完成论文。

1. 引言部分：你可以进一步阐明为什么美元和黄金之间的关系具有重要性和研究的必要性。可能包括对金融市场的波动性、投资者风险偏好以及经济和政治因素的影响等方面的讨论。

2. 相关文献综述：在文献综述中，你已经提到了一些相关的研究结果，但可以进一步扩展。你可以尝试寻找最新的文献，同时还可以涵盖其他国家或地区的研究成果，以更全面地了解美元和黄金之间的关系。

3. 论证部分：这一部分可以更详细地解释美元和黄金之间的关系以及它们各自的情况。你可以讨论金本位制崩溃后

秒变 AI 论文写作高手

> 的国际货币体系的演变,及其对国际贸易和投资的影响。此外,你也可以考虑加入一些具体的案例分析、图表或统计数据来支持你的论点。
>
> 4. 结论部分:总结你的研究发现并强调它们对金融市场和投资者的重要性。你可以探讨未来研究的方向,例如其他因素对美元和黄金关系的影响,或者对整个国际金融体系的潜在影响。
>
> 5. 写作风格和逻辑结构:确保你的论文逻辑严谨,每一段都能清楚地呼应主题。同时,避免使用过多的专业术语或复杂的句子结构,以确保易于读者理解。
>
> 最后,记得在写作过程中进行充分的研究和引用相关的文献。祝你顺利完成硕士论文!如果还有其他问题,欢迎随时提问。
>
> (以上内容由 ChatGPT 生成。)

ChatGPT 生成的内容提供了比较全面的写作建议,包括论文结构、论据内容和写作风格等多个方面。但同时也相对简略,有时候可能需要更详细的说明或分析,特别是对于比较复杂的论题。

【让建议更好】

为了获得更适用的写作建议,用户需要进一步优化提问的范围和方向,从而使 ChatGPT 给出对硕士论文写作更有帮助的建议。

示例 1:如果想要论文结构、段落安排和逻辑流程方面的意见,你可以问:"我觉得这篇论文在结构、段落安排和逻辑流程方面存在问题,请你帮我修改。"

示例2：如果想要论文表达、语言风格、句子结构和语法错误方面的意见，你可以问："请帮我提升论文表达、语言风格，同时对句子结构和语法错误进行检查。"

示例3：如果想要补充、扩展或加强论证方面的意见，你可以问："请为我补充扩展×××的论据。"

用户追问

请你为我补充论证部分的论据内容。

ChatGPT回答

当补充论证部分的论据内容时，你可以考虑以下几个方面。

1. 经济因素：美元和黄金之间的关系受到经济因素的影响。例如，通货膨胀和利率政策对美元和黄金价格都有重要影响。你可以分析美元的购买力和货币政策对黄金需求的影响，以及美国经济的强弱与黄金价格之间的相关性。

2. 政治和地缘政治因素：政治和地缘政治事件也会对美元和黄金市场产生影响。局部地区的不稳定局势、局部战争、贸易战或贸易协议、政府政策变化等都可能引起市场波动。你可以通过案例研究或历史分析来展示这种关系，例如美元在全球金融危机期间的表现，黄金在政治局势紧张时期的避险需求。

3. 投资者行为：投资者的行为和情绪对于美元和黄金市

场也有重要影响。市场参与者对于通货膨胀的预期、其风险偏好,以及其对其他宏观经济因素的看法都会影响他们对黄金和美元的投资偏好。你可以讨论投机者和基金经理在市场上的行为对于黄金和美元的影响,以及市场情绪如何反映在价格变动中。

4.金融市场交易策略:金融市场中的交易策略也会影响美元和黄金的价格关系。例如,货币对冲基金可能会根据美元走势来调整它们的头寸,从而影响黄金市场。你可以研究不同类型的投资者(如套利交易员、基金经理等)如何利用美元和黄金之间的关系来制定他们的交易策略。

以上这些因素可能对美元和黄金价格的波动产生影响,并对它们之间的关系提供更多的论证。你可以根据你的研究领域和数据可用性选择适用的论据,并通过数据分析、案例研究或专家观点来支持你的论点。记得在引用和解释数据时要清楚和准确,以增强你的论证的可信度。

(以上内容由 ChatGPT 生成。)

3.2.3　让 ChatGPT 帮助处理数据

ChatGPT 可以帮助用户分析和解释论文数据。用户可以提供数据集或特定问题,让 ChatGPT 尝试理解数据并提供相关的解释或概述。

ChatGPT 可以回答关于统计方法、建模技术和数据分析工具的问题。用户可以向它咨询关于如何选择适当的统计方法、如何应用特定的建模技术，以及如何使用特定的数据分析工具等问题。

ChatGPT可以帮助用户理解和解释研究结果，并提供进一步的讨论。用户可以与ChatGPT交流关于研究结果的可能影响、局限性、未来研究方向等方面的问题，从而更好地组织和撰写论文的讨论部分。

背景：用户上传了数据。

> 示例输入数据
> 样品浓度序列（目标蛋白质）：[0, 10, 20, 30, 40] ng/mL
> 示例输出数据
> 反射强度 - 波长曲线
> 波长（nm）：[400, 450, 500, 550, 600, 650, 700, 750, 800, 850, 900]
> 反射强度：[0.2, 0.35, 0.6, 0.75, 0.9, 1.0, 0.95, 0.8, 0.65, 0.45, 0.25]
> 实时检测信号响应曲线
> 样品浓度（ng/mL）：[0, 10, 20, 30, 40]
> SPR信号强度：[0.1, 0.2, 0.35, 0.6, 0.85]

用户提问

> 以上是我在进行"基于金属纳米颗粒的表面等离子体共振传感器"这一实验中获得的数据，请你对它进行简单的分析和处理。

ChatGPT 回答

根据您提供的数据,我们可以进行以下简单的分析和处理。

1. 反射强度-波长曲线:根据给定的波长和反射强度数据,我们可以绘制出反射强度-波长曲线。根据您提供的数据,将波长和反射强度分别绘制在 x 轴和 y 轴上,在图形上连接数据点,即可得到反射强度-波长曲线。

2. 实时检测信号响应曲线:根据给定的样品浓度和 SPR 信号强度数据,我们可以绘制出实时检测信号响应曲线。将样品浓度和 SPR 信号强度分别绘制在 x 轴和 y 轴上,在图形上连接数据点,即可得到实时检测信号响应曲线。

这些曲线可以帮助我们理解样品浓度与反射强度(或 SPR 信号强度)之间的关系。例如,可以通过观察反射强度-波长曲线的形状和实时检测信号响应曲线的趋势,来判断样品浓度对信号的影响程度。

另外,您还可以进行进一步的数据分析,比如计算反射强度与样品浓度之间的相关性,绘制拟合曲线以获取更精确的结果等。具体的分析方法和处理步骤可以根据您的具体需求进行选择和调整。

(以上内容由 ChatGPT 生成。)

ChatGPT 所给出的数据分析和处理方法简单易懂,直观地展示了样品浓度与信号强度之间的关系,对初步分析有一定帮助;缺点是缺乏量化分析和进一步处理的方法，需要结合更多的数据和更高级的分析技术进行完善。

【让处理更好】

如何确保 ChatGPT 按照用户的使用要求去处理论文数据呢？这里仍旧以实验项目为例，为了保证 ChatGPT 处理的实验数据结果正确，用户需要进一步精细化数据处理要求。

例如，你希望 ChatGPT 为你进行一些常规的实验数据处理，你可以在提问中加入一些关键词，像"数据清洗""数据归一化""统计分析""曲线拟合""数据可视化""数据模型与预测"等。

你可以这样说："请你对我提供的实验数据样本进行数据清洗，按照 ×× 寻找整理目标数据。"或者这样说："这些是 ×× 实验项目的数据，请你对它们进行统计分析。"也可以这样说："请你把这些数据输入 ×× 数据模型中进行模拟实验，并对结果进行预测。"

3.2.4　让 ChatGPT 帮助分析研究结果

ChatGPT 可以帮助用户解释和解读复杂的研究结果。通过与模型进行交互，用户可以进一步了解数据背后的原因和关联，并获得洞察力。

ChatGPT 可以生成描述和解释研究结果的自然语言文本，这些文本可以与数据可视化工具结合使用，提高研究结果的可视化效果。

ChatGPT 可以根据研究数据提供建议和推荐。例如，在医学研究中，研究人员可以向 ChatGPT 提供病症数据，并获得个性化的治疗方案建议。

背景：用户上传了实验。

实验名称：使用密闭瓶法测算硝酸银在不同温度下的溶解度。

实验过程：实验中，分别将硝酸银样品（10g）和水（50mL）加入密闭瓶中，然后在不同温度下进行加热，待样品溶解后记录瓶内压力变化，最终得到硝酸银的溶解度数据。

实验数据：在30℃下，硝酸银的溶解度约为5.6g/100mL；在50℃下，硝酸银的溶解度约为7.8g/100mL；在70℃下，硝酸银的溶解度约为9.2g/100mL；在90℃下，硝酸银的溶解度约为11.5g/100mL。

研究结果：该溶解度-温度曲线呈现出随温度升高而增加的趋势。根据实验数据，可以建立硝酸银在不同温度下的溶解度方程式为 $y = 0.0015x^3 - 0.316x^2 + 20.598x - 207.106$。

用户提问

以上内容是一项化学实验的研究数据和结果，请你对它们进行分析。

ChatGPT 回答

根据实验数据和结果，我们可以对这项化学实验进行如下分析。

1. 定性分析：实验结果表明，硝酸银的溶解度随着温度的升高而增加，这符合一般物质在溶液中的溶解规律。此外，由于硝酸银在所有温度下均溶解于水，说明硝酸银是水溶性物质。

2. 定量分析：通过实验数据得到的硝酸银在不同温度下的溶解度数值可以帮助我们了解溶解度与温度之间的关系。根据数据，可以观察到随着温度的升高，硝酸银的溶解度逐渐增加。这种趋势可以用一个三次多项式方程来描述，即 $y = 0.0015x^3 - 0.316x^2 + 20.598x - 207.106$，其中 y 表示硝酸银的溶解度（单位：g/100mL），x 表示温度（单位：℃）。

3. 实验误差分析：在实际实验中，可能存在一定的误差来源，如称量误差、温度控制不准确、压力测量误差等。这些误差可能会对实验数据和结果产生一定的影响。为了提高实验的准确性，可以考虑增加实验重复次数、使用更精确的仪器设备，并在分析过程中对可能存在的误差进行合理评估和修正。

综上所述，通过这项化学实验的研究数据和结果，我们可以得出硝酸银溶解度与温度呈正相关的关系，并且可以利用实验数据拟合出一个方程来描述这种关系。这些分析结果对于理解和探索物质在不同条件下的溶解现象具有一定的指导意义。

（以上内容由ChatGPT生成。）

ChatGPT生成的分析结果对实验数据和结果进行了较为准确的

定性和定量分析,揭示了硝酸银溶解度与温度的关系,并给出了相应的数学方程。同时,也对实验误差进行了考虑和分析。

然而,在数据分析和结论阐述方面仍有进一步完善的空间,可以对拟合方程的选择、物理机制的讨论等进行补充,以进一步提高分析的完整性和深度。

【让分析更好】

示例1:为了进一步深挖研究结果,我们可以这样提问来引导ChatGPT进行分析:"除了已有的实验研究结果,你是否还能得出其他结论?如果有,请进行补充。"

示例2:为了进一步完善研究结果,我们可以这样提问来引导ChatGPT进行分析:"这次实验数据中是否存在一些我们忽略掉的内容?如果有,请你对研究结果进行完善。"

用户追问

> 这次实验数据中是否存在一些我们忽略掉的内容?如果有,请你对研究结果进行完善。

ChatGPT 回答

> 在上述实验数据中,可能存在一些我们忽略掉的内容。以下是对研究结果进行完善的建议。
>
> 1.温度控制:在实验中,温度的控制是非常关键的。为了确保实验的准确性,需要采取适当的方法来精确控制温度,如使用恒温水浴或精确的温度控制设备。

2. 搅拌效果：搅拌溶液可以提高溶质与溶剂之间的质量传递，有助于均匀混合和溶解反应的进行。因此，在实验过程中，应该控制好搅拌的强度和时间，以确保溶解过程的均一性。

3. 实验时间：实验过程中的时间因素也可能对溶解度的测量结果产生影响。在测量溶解度时，需要确定一个合适的反应时间，确保溶质与溶剂达到平衡状态。

4. 储存条件：硝酸银等试剂的储存条件会对其性质产生影响。因此，在实验前后，需要注意试剂的储存条件是否符合要求，避免试剂质量问题导致的误差。

5. 数据处理：对实验数据的处理和分析也需要进行更加详细和全面的考虑。可以采用统计方法对数据进行验证和分析，比如计算平均值、标准差等，以评估数据的稳定性和可靠性。

综上所述，通过更加严格的温度控制、搅拌效果的考虑、合适的实验时间、良好的试剂储存条件以及更全面的数据处理方法，我们可以进一步完善研究结果，提高实验数据的准确性和可信度。

（以上内容由 ChatGPT 生成。）

3.3 ChatGPT 助力提升硕士论文质量

3.3.1 用 ChatGPT 提升摘要质量

摘要在硕士论文中扮演着至关重要的角色，它简明扼要地概括了整篇论文的研究内容、研究方法和结论。因此，提升摘要质量对于硕士论文的撰写具有重要意义。ChatGPT 的应用可以帮助作者自动提取论文中的关键信息，生成结构化的摘要，并检测其中的语法和字词错误，从而提升摘要的准确性和质量。

背景：用户上传了论文摘要。

> 营销策略与消费行为之间的关系研究一直是学术界和企业界关注的重点。在当今竞争激烈的市场环境中，制定有效的营销策略对于企业的生存和发展至关重要。
>
> 本文旨在探讨营销策略如何影响消费行为，并分析不同营销策略的有效性。
>
> 首先，我们回顾了以往关于营销策略和消费行为的研究，明确了两者之间的关系。其次，我们分析了营销策略对消费行为的影响机制，包括心理机制、经济机制和社会机制。最后，我们提出了一个基于消费行为的营销策略框架，并应用此框架分析了几种常见的营销策略的有效性。
>
> 结果表明，营销策略对消费行为具有显著的影响，而消费行为也可以反作用于营销策略的选择。
>
> 因此，企业应该根据自身情况和目标客户群体的特点，灵活运用不同的营销策略，以提高消费者的购买意愿和忠诚度。

用户提问

以上内容为"营销策略与消费行为"主题的硕士论文摘要,请分析摘要内容,帮忙提升论文的摘要质量。

ChatGPT 回答

为了提升硕士论文的摘要质量,我们可以对上述摘要进行以下修改。

营销策略与消费行为之间的相互影响关系一直是学术界和企业界关注的重点。在当今竞争激烈的市场环境中,制定有针对性的营销策略对于企业的生存和发展具有至关重要的作用。本文深入探讨了营销策略如何影响消费行为,并分析了不同营销策略的有效性。

首先,我们全面回顾了以往关于营销策略和消费行为的研究,明确了两者之间的相互关系和影响机制。通过分析心理、经济和社会等多方面因素,我们揭示了营销策略对消费行为的深层次影响。

其次,我们从理论和实证两个层面深入探讨了营销策略对消费行为的影响机制。我们结合心理学、经济学、社会学等相关理论,详细分析了营销策略如何通过改变消费者的认知、态度和行为来影响其购买决策。

最后,我们提出一个基于消费行为的营销策略框架,并应用此框架分析了几种常见的营销策略的有效性。通过实证

> 分析，我们发现不同的营销策略对消费行为的影响程度和影响机制是不同的。因此，企业应该根据自身情况和目标客户群体的特点，灵活运用不同的营销策略，以提高消费者的购买意愿和忠诚度。
>
> 通过本研究，我们不仅深化了对营销策略与消费行为之间关系的理解，还为企业制定更具针对性的营销策略提供了有效支持，对指导企业营销实践具有重要的现实意义。
>
> （以上内容由 ChatGPT 生成。）

整体上，ChaGPT 重新撰写的摘要<u>通过明确研究焦点、深入剖析营销策略对消费行为的影响机制以及创新性地提出基于消费行为的营销策略框架</u>，对"营销策略与消费行为"这一主题的硕士论文摘要进行了全面的提升。

这不仅增加了摘要的学术价值，也有助于指导企业更具针对性地制定营销策略，因而具有重要的现实意义。ChatGPT 的助力使摘要结构更加完整，指导意义也更强。

【让逻辑更好】

在利用 ChatGPT 进行摘要质量的提升时，我们还可以从文中提到的几种营销策略中抠出细节，对 ChatGPT 进一步追问和对比分析它们的优势和劣势。

通过<u>对比不同策略的效率表现和适用条件</u>，我们可以更深入地理解各种策略的适用范围和局限性。

例如，你可以询问 ChatGPT："除了文中提到的心理、经济和社会因素，<u>还有哪些其他因素可能影响营销策略的效果，如文化、</u>

价值观、个体差异等？"提问时列举出你想让 ChatGPT 在摘要中丰富的因素，让其从这些角度帮你展开叙述和补充。

例如，你还可以继续追问："这些因素如何影响消费者对营销策略的反应，以及如何调整营销策略以适应不同影响因素的需要？"按照逻辑推理继续追问 ChatGPT 的下一步计划，不断引导 ChatGPT 帮助我们丰富摘要的层次。

3.3.2 用 ChatGPT 提升引言质量

硕士论文的引言部分应包含研究主题的背景和意义、研究的目的和问题、文献综述和研究现状、研究方法和框架，以及研究限制和前景等方面的内容。

通过明确研究目标和主题、提供足够的背景信息、注重细节和深度、使用开放式问题以及遵循学术规范等技巧，用户可以更好地引导 ChatGPT 帮助提升引言部分的写作质量。

ChatGPT 可以提供有关研究主题的信息、建议和指导，帮助用户了解研究现状和不足之处，进而改进或拓展已有的文献综述，同时也可以提供有关研究方法和框架的建议，帮助用户制订更加全面、系统和有效的研究计划。

背景：用户上传了论文段落。

> 随着现代科技的快速发展，大数据和数据分析技术已经深刻影响到我们生活的方方面面，特别是在企业管理决策领域。本文旨在探讨如何利用大数据和数据分析技术来辅助企业管理决策，旨在提升决策的精准性和效率，为企业创造更

大的价值。

在文献综述部分,我们将对大数据和数据分析技术的前沿研究进行梳理和评价。首先,回顾大数据的发展历程和相关理论,对大数据的概念、特点和优势进行深入理解。其次,对数据分析技术的种类、方法和应用场景进行详细的探讨,包括数据挖掘、机器学习和预测模型等。最后,还将关注大数据与企业管理决策之间的联系,以及如何运用数据分析技术来优化决策过程。

在研究方法部分,本文将介绍所采用的研究方法和技术。首先,详细阐述数据采集、数据预处理和数据分析等环节的具体操作方法。其次,结合实际案例,对如何运用大数据和数据分析技术辅助企业管理决策进行具体的步骤分解和实现。

在结果与讨论部分,我们将对研究得出的结果进行客观的描述和解释。具体来说,我们将分享一些成功运用大数据和数据分析技术辅助企业管理决策的案例,并对其中的不足之处进行探讨。同时,还将探讨未来研究的方向和意义,为企业更好地运用大数据和数据分析技术提供参考。

在结论部分,本文将总结文章的主要研究结论,指出研究的限制和未来研究的方向。此外,还将阐述本文在企业管理决策中的应用前景和价值,为企业管理决策提供新的思路和方法。

最后,在参考文献部分,将列举本文所引用的参考文献,并遵循规范的引用格式,如APA、MLA等。这些文献将为本

第 3 章　ChatGPT 与硕士生论文写作

研究提供坚实的理论依据和实践指导，有助于读者更好地理解和应用本文的研究成果。

总之，本文旨在探讨如何利用大数据和数据分析技术来辅助企业管理决策。通过对这一主题的深入研究，我们将为企业提供一种新的决策模式，帮助它们在日益复杂的市场环境中做出更加精准、高效的决策，从而实现更大的商业价值。

用户提问

以上是"如何利用大数据和数据分析技术来辅助企业管理决策"论文的文章引言，请帮我提升引言的写作质量，使论文引言看起来结构更完整、逻辑更清晰。

ChatGPT 回答

以下是对"如何利用大数据和数据分析技术来辅助企业管理决策"论文的文章引言进行提升后的版本。

随着科技的快速发展，大数据和数据分析技术已经对我们的生活产生了深远影响，特别是在企业管理决策领域。在本文中，我们将探讨如何利用大数据和数据分析技术来辅助企业管理决策，并致力于提高决策的精准性和效率，为企业创造更大的价值。

首先，大数据的出现和发展，为我们提供了前所未有的信息海洋。大数据的特性决定了其具有丰富的信息含量，而且这些信息都是实时、动态的，可以涵盖各个领域。大数据的发展历程和相关理论，为我们理解和应用大数据提供了重要的理论依据。同时，随着大数据的普及，其与企业管理决策之间的联系也日益密切。大数据的应用已经深入到企业的战略决策、市场分析、产品研发、客户管理等各个方面。

其次，数据分析技术作为处理大数据的重要手段，为我们提供了有效的方法论。数据挖掘、机器学习和预测模型等数据分析技术，在处理大数据时表现出极大的优势。这些技术可以帮助我们在大量数据中发现隐藏的模式和规律，预测未来的发展趋势，从而为企业的管理决策提供科学依据。

在研究方法上，本文将首先详细介绍数据采集、数据预处理和数据分析等环节的具体操作方法。然后，结合实际案例，对如何运用大数据和数据分析技术辅助企业管理决策进行具体的步骤分解和实现。此外，我们还将关注大数据和数据分析技术在企业管理实际应用中的效果，并对其中的不足之处进行探讨。

在结论部分，本文将总结文章的主要研究结论，并指出研究的局限和未来研究的方向。同时，我们还将阐述本文在管理决策中的应用前景和价值，为企业管理决策提供新的思路和方法。

在参考文献部分，我们将列举本文所引用的参考文献，并遵循规范的引用格式，如APA、MLA等。这些文献将为本研究提供坚实的理论依据和实践指导，有助于读者更好地理解和应用本文的研究成果。

通过深入研究大数据和数据分析技术在辅助企业管理决策方面的应用，我们将为企业提供一种新的决策模式。这种新的决策模式将帮助企业在日益复杂的市场环境中做出更加精准、高效的决策，从而实现更大的商业价值。

在当今这个信息爆炸的时代，大数据和数据分析技术的重要性日益凸显。对企业而言，掌握并运用好这些技术，意味着能够在激烈的竞争中保持领先。因此，对大数据和数据分析技术的研究具有重要的现实意义和理论价值。

我们期望本文的研究能够为企业的管理决策提供新的视角和方法。同时，也希望能够对大数据和数据分析技术的研究和应用提供有益的参考和启示。

总的来说，本文将深入探讨如何利用大数据和数据分析技术来辅助企业管理决策的问题。我们将致力于为读者展现一个全面、系统的研究框架，并通过实例分析和文献综述等方法，阐述我们的观点和研究方法。希望通过我们的努力，能够为这一领域的研究提供新的视角和启示。

（以上内容由 ChatGPT 生成。）

ChatGPT 在引言中增加了对大数据和数据分析技术的理解、应用价值、研究方法等方面的阐述，使整个引言的逻辑更加清晰。

由此可见，ChatGPT 不仅能在宏观结构上提升引言写作质量，同时还可以在微观细节上对文章做出具体的润色提升。

【让思路更好】

如何让 ChatGPT 在回答我们的提问和追问时，思路更清晰，效率更高？我们可以从多个角度对 ChatGPT 进行引导。

示例 1：对"研究目的和研究问题"进行追问。你可以这样追问："通过我撰写的引言内容，你打算从哪些方面探讨大数据和数据分析技术如何辅助企业管理决策？请帮我将这些技巧加到引言中。"

示例 2：对"文献综述和研究现状"进行追问。你可以这样追问："你对已有文献中关于大数据和数据分析技术在企业管理中的应用进行了哪些研究？"以及"这些研究有哪些不足之处，你打算如何改进或拓展？"

在向 ChatGPT 提问时，要注意细节和深度，不仅要问"是什么"，还要问"为什么""怎么办"；同时要注意语言的规范性和准确性，遵循学术规范，确保提问的有效性和可读性。

3.3.3　用 ChatGPT 提升论据质量

ChatGPT 可以提供新的观点、提出关键问题或引导用户进行深入思考。通过与 ChatGPT 对话交流，用户可以借助它的智能回答，反思和审视自己的论据，发现论据中的逻辑漏洞、不足之处或潜在的偏见，从而提升论文的质量。

ChatGPT 可以为用户提供针对特定主题领域的相关信息和参考资料，以完善论据。当用户需要支持某个观点或强调某个论据时，ChatGPT 可以帮忙找到相关的实证研究、理论框架或实际案例，并将其整合到论文中。

ChatGPT 可以帮助用户验证是否存在推理错误、信息不一致或论据缺失等问题。通过与 ChatGPT 对话，用户可以检验论据的逻辑性和论证的合理性。ChatGPT 还可以根据用户的描述提供反馈和建议，帮助用户更好地组织论文结构、加强论证链条，并确保论据之间的逻辑关系清晰且有力。

ChatGPT 可以引发用户对已有观点的挑战和批判性思考。它可能会提出不同的观点、指出问题或提供相关的研究成果，促使用户进一步探索和评估自己的立场。这有助于提升用户的批判性思维能力，并使用户能够更好地处理和回应潜在的反驳。

背景：用户上传了论文的部分内容。

> 在经济学中，零和博弈是一种经典的博弈模型，特点是参与者的利益完全相反，一方获得收益必然导致另一方出现损失。零和博弈可以应用于多个领域，如商业竞争、国际关系以及资源分配等。
>
> 首先，在商业竞争中，零和博弈理论可以帮助我们理解市场中企业之间的竞争关系。在零和博弈环境下，一家企业的成功必定伴随着其他竞争对手的失败。例如，当两家企业争夺同一个市场份额时，一家企业的扩张将不可避免地影响到另一家企业的市场份额和利润。这种竞争行为使得零和博弈模型成为分析竞争关系和预测市场走势的有力工具。
>
> 其次，在国际关系中，零和博弈出现在很多领域。一个典型的例子是军备竞赛。国家间为了争夺霸权或国家安全，不断扩充军备。在这种情况下，一个国家的军事装备的增长

必然导致其他国家的安全感降低，进而引发更多国家的军备扩张，形成恶性循环。这显示了零和博弈的特征，即一个国家的利益的增加必然伴随着其他国家的利益的减少。因此，理解和应用零和博弈理论有助于我们解析国际关系的复杂性，并为政策制定者在冲突和合作中做出更明智的决策提供依据。

最后，资源分配也是零和博弈的一个重要应用领域。例如，当多个利益相关方争夺有限的资源时，他们的利益完全相反。一方的获利意味着其他方的损失。这种情况在自然资源管理、环境保护以及财政预算分配等领域都存在。因此，研究零和博弈可以帮助我们理解资源分配决策背后的利益冲突，进而提出更公平、公正和可行的解决方案。

综上所述，零和博弈理论在商业竞争、国际关系和资源分配等领域具有广泛的应用。通过深入研究零和博弈，我们能够更好地理解参与者之间的利益冲突，并为相关领域的决策制定者提供有关战略选择和冲突解决的重要洞察。

用户提问

上面是我写的硕士论文中有关"零和博弈"的论据片段，请你为我提一些建议，帮助我提高论证的严谨性和逻辑性。

ChatGPT 回答

你的论据片段已经对零和博弈理论在商业竞争、国际关系和资源分配等领域的应用进行了简洁明了的阐述，要提高论证的严谨性和逻辑性，可以考虑从以下几个方面进行改进。

1. 给出更多具体案例，以加强论点的可信度。你可以通过引用现实生活中的例子，例如油气资源的分配等，来说明零和博弈理论在实践中的应用，并加深读者对论点的理解和认同。

2. 探讨其他博弈模型与零和博弈之间的联系与区别。零和博弈是博弈论中最基本的模型之一，但也存在不足之处，例如未考虑参与者之间的协调和合作等。因此，在论文中可以引入其他博弈模型，如非零和博弈、协同博弈等，进一步探究它们之间的联系和区别。

3. 引入批判性思维，并提出对零和博弈理论的反思。虽然零和博弈理论在实践中被广泛应用，但它也存在失灵的情况。你可以通过回顾历史，如资源分配不公或政治决策失误等，来探究零和博弈理论存在的局限性，并进行反思和提出改进建议。

4. 重点突出论点，弱化细节部分。在写作中，要特别注意结构和重点。在每一段中都要明确一个主题，并将细节部分放在主题的论证之后，而不是淹没在细节当中。这样可以让读者更好地跟随论据，并加深对论点的理解。

秒变 AI 论文写作高手

> 希望以上建议能够对你的论文写作有所帮助。
> （以上内容由 ChatGPT 生成。）

ChatGPT 给出的建议为提高论据的严谨性和逻辑性提供了一些改进的方向，如在论文中引入更多具体案例、探讨其他博弈模型、引入批判性思维以及突出论点等，并提供了改进指导。

这些建议提供了一些有益的思路，但在应用时用户需要权衡利弊，确认它们是否符合自己的论文主题和整体的写作风格，并根据实际情况进行调整。

【让提升更好】

ChatGPT 虽然给出了提升论据质量的方向和指导，但是它并没有帮助用户直接生成新的论证更严谨、逻辑更完善的论据。为了获得提升后的论据内容，我们可以直接向它提出论据提升要求。

用户追问

> 请依据你提出的四大建议为我写作新的论据内容，帮我提高论据的逻辑性和严谨性。

ChatGPT 回答

> 当然，我可以为你提供一些新的论据，以加强你的论文的逻辑性和严谨性。以下是根据之前提供的建议给出的一些例子。

1. 关于具体案例的论据

零和博弈理论在商业竞争中的应用广泛可见。例如，汽车行业中的市场份额争夺常常被视为零和博弈。当一家公司获得更大的市场份额时，其他公司的份额相应减少。一家成功的汽车制造商可能会通过降价、产品创新或市场营销策略等手段来争夺市场份额，而这种争夺通常符合零和博弈的特征。

2. 探讨其他博弈模型的论据

尽管零和博弈模型在商业竞争中有其应用价值，但也存在一定的局限性。博弈论的非零和博弈模型可以提供更加全面的分析框架。例如，非零和博弈模型考虑了参与者之间的协调和合作，从而可以更好地描述现实世界中的博弈情境。在商业竞争中，公司之间可能通过合作联盟、合资企业等方式实现利益最大化，这种情况与零和博弈的思维方式不完全一致。

3. 引入批判性思维

尽管零和博弈理论在实践中得到了广泛应用，但我们也需要意识到它的局限性。例如，在资源分配问题上，仅仅考虑零和博弈是不够的。资源分配过程中如果忽略了公平性和可持续性，可能会引发社会不稳定。因此，我们需要在应用零和博弈时保持批判性思维，并寻求更加综合和全面的解决方案。

4. 突出论点

零和博弈理论是我们理解商业竞争、国际关系和资源分配等的重要工具。通过分析各方利益的相互制约和对抗，我们可以更好地理解各方的博弈行为和决策。这有助于我们预测和解释现实中各博弈方的行为模式，并为决策者提供建议和指导，以做出最明智的决策。

以上是一些根据之前建议给出的例子，希望能够为你提供一些启发和帮助，以改进你的论据的逻辑性和严谨性。记得根据你论文的整体结构和需要进行适当调整。

（以上内容由 ChatGPT 生成。）

3.3.4 用 ChatGPT 提升结论质量

ChatGPT 可以帮助用户拓宽思路，激发新的灵感。通过与 ChatGPT 对话，用户可能会得到一些新的想法和观点，为论文的结论部分提供更多的可能性。

ChatGPT 可以帮助用户检查论文结论部分的逻辑是否严密，是否与前文一致。用户可以向 ChatGPT 提出相关问题，验证自己的结论的合理性，并进行必要的修正和调整。

如果用户需要一些背景知识或案例支持来支撑自己的结论，可让 ChatGPT 帮助提供相关的信息。用户可以向 ChatGPT 询问相关的学术研究、案例分析等，通过增加背景知识或案例来提升论文结论的可信度和说服力。

ChatGPT 在语言生成方面表现出色，可以帮助用户提升论文结论的语言表达水平。用户可以向 ChatGPT 请教如何更准确、更有说服力地阐述自己的结论，从而提升论文的质量。

第 3 章　ChatGPT 与硕士生论文写作

背景：用户上传了论文的部分内容。

> 当今社会，科技的快速发展促进了经济的繁荣与发展。本文以大数据、人工智能和互联网为主要研究对象，探讨了科技对经济发展的积极影响。通过对现有研究和实证数据的分析，我们得出以下结论。
>
> 首先，科技的不断创新为各产业的发展提供了新的增长点。大数据和人工智能技术的应用使得企业能够更加准确地了解市场变化、消费者需求和产品质量等信息。基于这些信息，企业能够进行有针对性的市场营销、产品创新和生产调整，从而提高竞争力和效益，推动整个产业的升级和发展。
>
> 其次，科技的推动促进了生产效率的提升。自动化、智能化的生产设备和工具有效地降低了人力成本和劳动强度，提高了生产效率和产品质量。同时，科技的应用还可以优化供应链管理、库存控制和物流运输等环节，进一步降低生产和运营成本，提高企业的利润率和竞争力。
>
> 最后，科技的发展也带动了新兴产业的崛起和经济结构的转型。互联网经济、电子商务、共享经济等新业态的兴起，为经济发展提供了新的增长点，增加了就业机会。科技创新带来的新产品和服务不仅满足了人们的需求，也创造了新的消费市场。这些新兴产业的发展不仅带动了相关产业的发展，还推动了整个经济结构向高效、绿色和可持续的方向转型。
>
> 总之，科技的快速发展对经济发展具有明显的促进作用。

秒变 AI 论文写作高手

它为产业链的升级、生产效率的提升和新兴产业的崛起提供了强大的支撑。因此，企业和政府应高度重视科技创新，加强投入和政策支持，推动科技进步与经济发展的良性互动，实现经济的可持续发展。

用户提问

以上内容是我硕士论文中论证科技与经济发展之间关系的一个片段，我觉得这个论证的结论总结得不好，请为我修改提升一下结论。

ChatGPT 回答

根据您提供的论文片段，我为您修改提升了结论部分。

总的来说，科技的快速发展对经济发展具有深远的影响。首先，科技创新为产业发展提供了新的增长点，通过大数据和人工智能技术的应用，企业能够更准确地洞察市场需求和消费者行为，进而进行精确的市场营销和产品创新，从而提高竞争力和效益。其次，科技推动了生产效率的提升，自动化和智能化的生产设备降低了人力成本和劳动强度，优化了供应链管理和物流运输，进一步降低了生产和运营成本，提高了企业的利润率。最后，科技的快速发展也催生了新兴产业的崛起，如互联网经济、电子商务和共享经济等，为经济

> 发展创造了新的增长点和就业机会，同时推动了经济结构向高效、绿色和可持续的方向转型。
>
> 　　因此，企业和政府应高度重视科技创新，加强投入和政策支持，促进科技与经济的良性互动，以实现经济的可持续发展。此外，在未来的研究中，可以进一步探讨科技发展对社会变革的影响以及如何应对科技进步所带来的挑战。
>
> （以上内容由ChatGPT生成。）

　　ChatGPT 修改后的结论较原结论来说更加明确且有力，强调了科技对经济发展的积极影响，并给出了相关的支持信息。

　　不过 ChatGPT 并没有就逻辑问题和其他需要改进的方面进行叙述。这可能与提供的原始文本有关，原始文本逻辑较为清晰，论证基础比较充分。

【让提升更好】

　　为了进一步提升结论的质量，我们可以从多个方面入手，如围绕"结论的逻辑推理""结果解释""数据分析和实验设计""讨论与展望""语言表达和逻辑结构""文献综述"等关键词向 ChatGPT 提问。

用户追问

> 　　请帮我优化结论的语言表达和风格呈现，使它读起来更加严谨有力。

ChatGPT 回答

经过对现有研究和实证数据的深入分析,我们得出以下结论。

首先,科技的不断创新为产业发展带来了巨大的机遇。大数据、人工智能和互联网等科技应用赋予企业精确洞察市场变化、消费者需求和产品质量等信息的能力。凭借这些信息,企业能够开展精准的市场营销、产品创新和生产调整,从而提升竞争力和效益,推动整个产业的升级和发展。

其次,科技的推动引领着生产效率的革命性提升。自动化、智能化的生产设备和工具显著降低了人力成本和劳动强度,极大提高了生产效率和产品质量。同时,科技应用还能够优化供应链管理、库存控制和物流运输等关键环节,进一步降低生产和运营成本,提升企业利润率和竞争力。

最后,科技的快速发展也推动了新兴产业的迅猛崛起和经济结构的深刻变革。互联网经济、电子商务、共享经济等新业态为经济增长注入了新动力并创造了大量就业机会。科技创新所带来的新产品和服务既满足了人们的需求,又开辟了全新的消费市场。这些新兴产业的蓬勃发展不仅助力了相关产业的壮大,也推动了整个经济结构向高效、绿色和可持续的方向转型。

综上所述,科技的快速发展对经济发展具有明显的促进作用。它为产业链的升级、生产效率的提升和新兴产业的崛起提供了强有力的支撑。因此,企业和政府应高度重视科技创新，加强投入和政策支持，促进科技与经济的良性互动，实现经济的可持续发展。

（以上内容由 ChatGPT 生成。）

第 4 章　ChatGPT 与博士生论文写作

4.1 ChatGPT在博士论文写作中的四大辅助应用

4.1.1 ChatGPT在文献综述写作中的辅助应用

在撰写博士论文文献综述部分时，ChatGPT可以作为一个高效辅助工具，帮助用户快速获取相关文献的摘要、观点和主题，从而加快文献筛选和理解的过程。

例如，用户可以与ChatGPT对话，提供关键词和问题，ChatGPT会生成与关键词相关的论文摘要或提供相应的观点和研究方向。这为用户提供了更多参考资料，可使文献综述更全面、准确，并帮助用户把握所研究领域的前沿动态。

举例来说，当一位博士生正在撰写关于人工智能在医疗领域的应用的论文时，他可以向ChatGPT提问："请提供最新的关于人工智能在医疗诊断方面的应用的相关研究摘要。"ChatGPT会生成相关研究的摘要或提供相应的观点，帮助用户了解该领域的研究进展和热点问题。

下面将分步骤详细说明如何使用ChatGPT进行文献综述的撰写，并结合具体的案例进行说明。

步骤一：明确研究范围和关键词

用户在进行文献综述之前，首先需要明确自己论文的研究范围和关键词。例如，在上述例子中，博士生的研究范围是"人工智能在医疗领域的应用"，关键词可以包括"人工智能""医疗诊断"等。

步骤二：与ChatGPT进行对话

打开ChatGPT界面，与它进行对话。对话可以以简洁明了的方式进行，例如："请提供最新的关于人工智能在医疗诊断方面的应用的相关研究摘要。"

步骤三：获取相关研究摘要

ChatGPT 会根据你提供的关键词生成与之相关的研究摘要。这些摘要可能是之前发表的论文的摘要，也可能是关于该领域研究成果的一般性摘要。作者可以从中获取相关研究的背景、研究目的、研究方法和结果等信息。

例如，ChatGPT 可能会生成如下摘要："最近的研究表明，人工智能在医疗诊断方面发挥着重要作用。通过利用深度学习算法和大数据分析，人工智能可以实现对医学影像的自动化识别和疾病预测。此外，人工智能还可以应用于临床决策支持系统，帮助医生做出更准确的诊断和治疗决策。这些研究成果为医疗领域带来了许多机遇和挑战。"

步骤四：提取观点和研究方向

除了生成摘要，ChatGPT 还可以提供相关观点和研究方向，帮助作者了解该领域的研究进展和热点问题。

作者可以进一步与 ChatGPT 对话，询问关于具体观点或研究方向的问题。

例如，作者可以问："请提供人工智能在医疗诊断中存在的挑战和未来的发展方向。"ChatGPT 可能会回答："目前，人工智能在医疗诊断方面还存在一些挑战，如数据隐私和安全问题、算法的可解释性等。未来的发展方向包括进一步改进算法的准确性和效率、加强与临床实践的结合，并探索人工智能在个性化医疗方面的应用。"

通过以上步骤，作者可以利用 ChatGPT 快速获取相关文献的摘要、观点和主题，帮助自己更全面、准确地撰写文献综述。

综上所述，ChatGPT 在撰写文献综述方面可以帮助作者更高效地获取和理解相关文献，提供更多参考资料，将使文献综述更全面、准确，并帮助作者把握领域前沿。

4.1.2　ChatGPT 在论文理论框架构建中的辅助应用

ChatGPT 可以作为博士论文理论框架构建的辅助工具，帮助作者探索和完善自己的研究问题、假设和理论模型。通过与 ChatGPT 对话，用户可以提出关键问题和观点，从 ChatGPT 获得不同的思考角度和讨论，获取新的灵感和理论视角。

例如，一位博士生正在构建自己的论文研究理论框架，他可以与 ChatGPT 进行交互，探讨自己的研究问题和假设。通过与 ChatGPT 对话，他可以得到新的观点和理论模型，进一步完善和构建自己的理论框架。

步骤一：提出研究问题或假设

博士生首先应该明确自己的研究问题或假设，并与 ChatGPT 进行对话。例如，他可以问："对于人工智能在医疗领域的应用，我应该关注哪些关键问题？"ChatGPT 可能会回答："你可以考虑人工智能算法的准确性和可解释性、数据隐私和安全问题，以及人工智能与临床实践的结合等关键问题。"

步骤二：深入探讨关键问题

博士生可以进一步与 ChatGPT 对话，探讨每个关键问题的细节和不同观点。

例如，他可以问："关于人工智能算法的准确性和可解释性，有哪些不同的研究观点？"ChatGPT 可能会回答："一些研究认为，目前的人工智能算法在医疗诊断方面的应用效果很好，具有很高的准确性,并且其黑盒模型可以通过大量训练数据进行优化。然而,也有人担心这些算法缺乏可解释性,难以理解和解释其决策依据。"

步骤三:引入相关理论模型

博士生可以请教 ChatGPT 关于相关领域的理论模型的问题,以丰富自己的理论框架。

例如,他可以问:"在人工智能与医疗诊断领域,有哪些经典的理论模型可以参考?"ChatGPT 可能会回答:"传统机器学习算法中的决策树、支持向量机等模型,以及深度学习技术中的卷积神经网络和循环神经网络等模型都被广泛应用于医疗诊断领域。"

步骤四:提高理论框架的完整性和合理性

在与 ChatGPT 的对话中,作者可以不断地扩展和完善自己的理论框架。

例如,他可以问:"我拟定的理论框架是否足够完整和合理?"ChatGPT 可能会回答:"你的理论框架已经包含了关键问题、不同观点和相关理论模型,但还可以进一步探讨与其他领域的交叉应用、未来发展趋势等,以增加理论框架的完整性。"

通过以上步骤,ChatGPT 在帮助博士生建立博士论文的理论框架时可提供关键问题、不同观点和相关理论模型等内容,帮助他丰富自己的理论思考,并提供新的研究视角和灵感。然而,应该注意的是 ChatGPT 生成的内容只能作为参考,用户仍需进行进一步的分析和判断。同时,用户在与 ChatGPT 对话时要保持问题的清晰和具体,以获取更有价值的信息。

综上所述,ChatGPT 作为博士论文理论框架建立的辅助工具,在提出研究问题、深入探讨关键问题、引入相关理论模型和提高理论框架完整性方面具备实操性。ChatGPT 可以帮助用户拓宽思路、提供新的观点和理论模型,为博士论文的理论框架构建提供指导和支持。

4.1.3　ChatGPT在实证章节写作中的辅助应用

在实证章节的撰写中,ChatGPT可以提供数据分析结果的解释和讨论,帮助用户改进研究设计、论证逻辑和数据解读等。用户可以与ChatGPT对话,分享自己的实证研究数据和分析方法,ChatGPT会提供相关的统计学意义、数据解读和结论等方面的建议。

举例来说,一位博士生正在撰写关于消费者行为的论文,他可以向ChatGPT提供自己的实证数据和分析方法。然后,与ChatGPT进行对话,探讨数据结果的合理性和可解释性,从而改进研究设计和增强数据分析的可信度。

在与ChatGPT的对话中,用户可以提供一些关键数据和统计分析结果。例如,某个消费者行为调查的样本规模、主要变量的相关系数、回归模型的显著性水平等。然后,用户可以向ChatGPT提问,以深入探讨数据结果的解释和讨论。

用户提问

> 我的研究使用了有500名参与者的问卷调查数据,我发现产品价格与购买意愿之间存在显著负相关系数。这个结果是否可靠?

ChatGPT 回答

你可以进一步检查该相关系数的显著性水平和置信区间,确保结果的可靠性。此外,还应该考虑其他潜在变量对这一关系的影响,例如消费者收入水平或品牌声誉等。

(以上内容由 ChatGPT 生成。)

用户提问

我已经进行了回归分析,并得出了系数的显著性水平和置信区间。但是,我不确定如何解释这个结果。

ChatGPT 回答

你可以提供更多关于该回归模型的特征变量和控制变量的信息,以便进行更准确的解释。此外,还可以考虑先前研究中类似结果的解释,验证你的发现是否与现有理论相符。

(以上内容由 ChatGPT 生成。)

用户提问

我发现男性消费者在购买特定产品时更倾向于价格敏感,而女性消费者则更注重产品质量。这个结果与我之前的假设相反,如何解释这种情况?

ChatGPT 回答

> 你可以进一步探究研究样本中的男性和女性消费者的差异，例如他们的购买目的、需求差异或社会文化因素等。这些因素可能对他们的购买决策产生影响，从而导致这种看似相悖的结果。
>
> （以上内容由 ChatGPT 生成。）

通过与 ChatGPT 对话，用户可以获得关于如何对数据分析结果进行解释和讨论的建议，帮助其改进研究设计、论证逻辑和数据解读等。这有助于提高研究的可信度和有效性，并为实证章节的撰写提供有力支持。

4.1.4 ChatGPT 在组织讨论中的辅助应用

ChatGPT 可以在博士论文的组织讨论部分为用户提供帮助。用户可以与 ChatGPT 进行对话，讨论研究结果的合理性、启示以及未来研究方向等，从而丰富和深化自己的观点，并加强整篇论文的逻辑性和连贯性。

例如，一位博士生正在撰写关于使用人工智能来改善医疗诊断的论文，他可以与 ChatGPT 交流自己的研究结果和观点。通过与 ChatGPT 交互，他可以进一步探讨研究结果的意义和影响，并进行讨论，为未来的研究提出新的方向和建议。

在涉及 ChatGPT 在博士论文写作的组织讨论环节的辅助应用时，以下是一个更具体的案例。

第 4 章　ChatGPT 与博士生论文写作

用户提问

我的研究重点是探索使用人工智能来改善医疗诊断的可能性。我开发了一个基于深度学习的模型,可以通过分析医学图像来识别疾病。我的研究结果显示,这个模型在某些疾病的诊断准确率上超过了人类医生。然而,一些同行提出了质疑,认为机器诊断在临床医疗领域的应用可能存在局限性。我应该如何回应这些质疑?

ChatGPT 回答

这个问题确实需要慎重回应,以确保你的观点合理、客观。首先,你可以强调研究结果表明该模型在特定疾病的诊断方面具有潜力,但并不代表它可以完全替代人类医生。你可以讨论该模型的优势,如它可以处理大量数据以及对隐蔽特征的敏感性;同时,你也需要明确指出它的局限性,如对新病例或罕见病例的适应性有待进一步验证。

(以上内容由 ChatGPT 生成。)

用户提问

这个观点很有启发性,我也意识到需要更全面地评估机器诊断在临床诊断中的应用。那么,你认为在这一领域未来研究的一个重要方向是什么?

ChatGPT 回答

> 未来研究可以关注机器诊断与人类医生的协作模式。你可以探索如何将机器诊断作为辅助工具,帮助医生提高诊断准确性和效率。此外,你还可以考虑使用类似 ChatGPT 的自然语言处理模型,以更好地解释机器诊断结果,并与患者进行有效的沟通。这种研究可以推动机器诊断技术在临床医疗实践中的应用,并解决潜在的障碍和担忧。
>
> (以上内容由 ChatGPT 生成。)

通过与 ChatGPT 交互,博士生可以巩固自己的观点,回答质疑,并从中获得新的研究方向。

需要注意的是,ChatGPT 提供的观点和建议只是一种参考,博士生仍需自行判断和探索,保持批判性思维,对 ChatGPT 生成的内容进行评估和筛选,确保论文的学术可靠性和质量。记住,ChatGPT 只是一个工具,用户本身的判断和思考才是论文质量的决定因素。

4.2　ChatGPT 在博士论文优化中的三大应用

4.2.1　用 ChatGPT 优化论文的语言表达

利用 ChatGPT 梳理博士论文的文稿,来优化论文的语言表达,可以使论文的逻辑更加清晰和连贯。

第 4 章　ChatGPT 与博士生论文写作

背景：用户上传了文档。

> 概要：
> 随着计算机视觉技术的快速发展，图像识别与分类技术在多个领域中具有广泛的应用前景。深度学习作为当前主流的机器学习技术，为图像识别与分类提供了新的解决方案。本文主要研究了基于深度学习技术的图像识别与分类方法，提出了一种新型的卷积神经网络（CNN）模型，该模型具备较高的分类准确率和实时性。本文的研究成果将为深度学习在图像识别与分类领域的应用提供理论支撑和实践指导。

用户提问

> 这是我博士论文的概要，请帮我优化一下这段文字。

ChatGPT 回答

> 以下是对您博士论文概要的改进版本。
> 随着计算机视觉技术的迅速发展，图像识别与分类技术得到了广泛的应用。深度学习，作为当今主流的机器学习技术，为图像识别与分类领域带来了新的突破。本研究专注于深度学习在图像识别与分类中的应用，提出了一种全新的卷积神经网络（CNN）模型，该模型不仅在分类准确率方面取得了显著成绩，还具备实时性。这些研究成果将为深度学习在图像识别与分类领域的理论研究和实际应用提供重要的

指导。

（以上内容由 ChatGPT 生成，未改动。）

ChatGPT 改进后的论文概要保留了原来的关键信息，删除了一些多余的表述，使得句子更加简洁明了，同时 ChatGPT 的改进使论文的语言更加流畅，更具吸引力，更容易让人理解研究的重点和意义。

【让表达更好】

（1）明确需要优化的内容

在向 ChatGPT 提问时，作者要明确指出需要 ChatGPT 改进的具体方面。

示例 1：帮我优化一下论文引言的表述。

示例 2：帮我简化一下这段文字中的复杂句子，使它变得通俗易懂。

示例 3：论文中一些段落之间的过渡不够流畅，帮我改善一下，使段落具有连贯性。

背景：用户上传了文档。

引言：

图像识别与分类是计算机视觉领域的重要研究方向，旨在将图像中的不同对象或类别进行自动识别和分类。传统的图像识别与分类方法主要基于对手工提取的特征进行编码，然而，这种方法在处理复杂图像时，准确率和实时性都有待提高。近年来，深度学习技术的兴起为图像识别与分类提供了新的突破口。深度学习技术能够自动学习图像中的特征表达,从而在复杂的图像分类任务中取得良好的效果。

用户提问

帮我优化一下论文引言的表述。

ChatGPT 回答

以下是对您引言的优化版本。

图像识别与分类是计算机视觉领域的核心研究方向,旨在实现对图像中不同对象或类别的自动识别和分类。传统的图像识别与分类方法主要依赖于对手工提取的特征进行编码,然而,传统方法在处理复杂图像时,面临准确性和实时性的挑战。近年来,深度学习技术的崛起为图像识别与分类带来了革命性的突破。深度学习能够自动学习和提取图像中的特征表达,使其在处理复杂的图像分类任务方面表现出色。

(以上内容由 ChatGPT 生成,未改动。)

这个版本保留了引言的核心思想,但采用了更流畅和明了的表述,以提高文本的可读性。优化后的引言更加清晰地描述了图像识别与分类领域的挑战和深度学习的重要性。

(2)提供相关的上下文

在向 ChatGPT 提问时,用户最好提供论文相关的上下文信息,这有助于 ChatGPT 更好地理解论文的写作目的和写作背景。

4.2.2 用 ChatGPT 优化实证结果的论述

利用 ChatGPT 优化论文实证结果的论述，可以协助博士生更好地表达和解释论文的实证结果，也方便读者理解论文的数据分析和结论。

背景：用户上传了文档。

> 部分实证结果
>
> 本文提出了一种新型的卷积神经网络模型，该模型采用了多尺度特征融合的思想和注意力机制，旨在提高图像识别与分类的性能。为了验证本文提出的方法的有效性，我们在多个公开数据集上进行了实验。实验结果表明，本文提出的模型在完成图像分类任务时具有较高的准确率和实时性。在 ImageNet 数据集上，本文方法的准确率达到了 94.2%，比传统的 CNN 模型提高了 10% 以上；在 COCO 数据集上，本文方法的 AP（Average Precision，平均精度）达到了 93.8%，比现有的最好方法提高了 8% 以上。

用户提问

> 请优化我上传的论文实证结果。

ChatGPT 回答

> 以下是对您提供的实证结果的优化版本。
>
> 本研究引入了一种新的卷积神经网络（CNN）模型，采用了多尺度特征融合和注意力机制，以提高图像识别与分类性能。我们通过在多个公开数据集上进行广泛的实验来验证该方法的有效性。实验结果显示，我们提出的模型在图像分类任务中取得了显著的成功。在 ImageNet 数据集上，我们的方法取得了 94.2% 的分类准确率，相较于传统 CNN 模型提高了超过 10%。在 COCO 数据集上，我们的方法的平均精度（AP）达到了 93.8%，比当前最佳方法提高了超过 8%。
>
> （以上内容由 ChatGPT 生成，未改动。）

ChatGPT 对论文的实证结果进行了优化，去掉了一些冗长的表述，使得信息更集中，还突出了实证结果的重要性和影响。这个版本通过一些微调和修饰，使文本更流畅和清晰，以更好地展示研究的关键成果。用户可以根据论文的风格和要求进一步自行修改，使论文更吸引人和具有说服力。

【让论述更好】

（1）解释专业术语

利用 ChatGPT 解释论文实证结果中的专业术语，提高论文的可读性和可理解性。

示例 1：我的博士论文中使用了术语"卷积神经网络（CNN）"，但我需要提供一个简明的解释，以确保读者了解其含义，帮我解释一下什么是卷积神经网络。

示例2：我还使用了术语"递归神经网络（RNN）"，用通俗的语言解释什么是递归神经网络。

示例3：我使用了术语"深度学习"，这是一个广泛应用的术语，请帮我提供深度学习的简要解释，以确保读者能够理解其概念。

用户提问

> 我在博士论文中使用了术语"卷积神经网络（CNN）"，但我需要提供一个简明的解释，以确保读者了解其含义。请帮我解释一下什么是卷积神经网络。

ChatGPT 回答

> 在向您的读者解释卷积神经网络（CNN）时，您可以使用以下简明的解释。
>
> 卷积神经网络，通常简称为 CNN，是一种深度学习神经网络类型，用于处理和分析具有网格结构的数据，特别是图像和视频数据。它模仿了生物视觉系统，通过多个卷积层来自动提取图像中的特征，然后通过池化层减少数据的维度，最终将这些特征输入全连接层进行分类或执行其他任务。CNN 在计算机视觉领域广泛用于图像识别、对象检测、图像分割和其他图像处理任务，因为它能够有效捕获图像中的关键特征，因而能实现准确的分析和识别。
>
> （以上内容由 ChatGPT 生成，未改动。）

这个解释提供了对 CNN 的基本概念和其在图像处理中的应用的简单说明，有助于读者理解这一重要概念。

（2）改善图表设计

用户可询问 ChatGPT 关于改善图表设计的建议，使图表更易于理解和引人注目。

示例 1：我在博士论文中使用了一张关于实验结果的折线图，但我觉得它有点拥挤。有什么建议，可以帮助我改进这张图形，以使其更清晰和易于理解吗？

示例 2：我有一个包含大量数据的表格，但我担心它看起来有点混乱。能提供一些关于如何重新组织表格或使用颜色和标签来提高可读性的建议吗？

示例 3：我需要制作一幅柱状图，用于对比不同实验条件的结果。能指导我如何选择合适的图形样式和设计元素，以呈现这些对比结果吗？

4.2.3　用 ChatGPT 优化结论的阐述

ChatGPT 可以帮助用户优化论文结论部分的语言表达，使之更加清晰、流畅和有力，提高论文结论的写作质量，吸引读者的关注，进一步增强研究成果的可理解性和影响力。

背景：用户上传了文档。

> 论文结论：
> 首先，我们成功地开发了一种新型的卷积神经网络（CNN）模型，该模型集成了多尺度特征融合和注意力机制，

旨在提高图像识别与分类性能。我们的实验结果表明,这一模型在不同数据集上表现出色,达到了卓越的分类准确率。

其次,我们证实了深度学习技术在图像识别与分类中的重要性。深度学习能够自动学习图像中的特征表达,在复杂的图像分类任务中取得了显著的成功。这一发现强调了深度学习是图像处理领域的主要驱动力。

……

用户提问

请帮我优化一下博士论文结论的阐述和表达。

ChatGPT 回答

首先,我们成功开发了一种创新的卷积神经网络(CNN)模型,该模型整合了多尺度特征融合和注意力机制,以显著提高图像识别与分类性能。在各种数据集上的实验结果表明,这一模型的分类准确率明显优于传统方法,表现出色。

其次,我们明确证实了深度学习技术在图像识别与分类领域的重要性。深度学习的优势在于其能够自动学习图像特征,从而在应对复杂的图像分类任务时表现出卓越的性能。这一发现说明深度学习在解决现实问题上有巨大潜力。

再次,我们的研究也对深度学习的实际应用提供了实质

> 性的经验和指导。我们不仅开发了新型模型，还提出了实际应用的解决方案，以满足实时性和效率要求，这对图像识别与分类应用的实际落地具有重要意义。
>
> 最后，我们鼓励后续研究者在本研究的基础上进一步探索多模态图像处理、跨领域应用以及深度学习在其他领域的潜在应用。这一研究为未来的研究方向提供了有益的启示。
>
> ……
>
> （以上内容由 ChatGPT 生成，有删节。）

ChatGPT 的优化结果明确和清晰地描述了研究的关键成果和发现。它突出了新型卷积神经网络（CNN）模型的创新性，明确表明该模型在多个数据集上表现卓越，强调了研究的重要性和独特性。

【让表达更好】

（1）强调关键信息

用户可使用 ChatGPT 来帮助强调论文中的关键成果及其重要性。目的是确保结论部分能够清晰地突出研究的独特贡献，以及它们如何填补了领域空白。

示例 1：我的论文结论中包含了多个关键发现，但我希望确保其中最重要的一个能够得到足够的强调。可以帮我找到一种表述方式，使最重要的发现在结论中更显著吗？

示例 2：我的结论部分可能略显冗长，而且关键信息可能会被淹没。如何精简结论，以确保读者能够清晰地看到研究的主要发现和贡献？

示例 3：我的结论中包含了多个方面的研究成果，但我希望突出一个最具创新性的方面。您能提供一些建议，帮助我更好地凸显这个创新点吗？

用户提问

> 我的结论部分可能略显冗长，而且关键信息可能会被淹没。如何精简结论，以确保读者能够清晰地看到研究的主要发现和贡献？

ChatGPT 回答

> 当您担心结论部分略显冗长，而且关键信息可能会被淹没时，以下是如何精简结论的建议，以确保读者能够清晰地看到研究的主要发现和贡献。
>
> 1. 明确核心信息：首先，确定结论部分的核心信息和主要发现。标记出您认为最重要的句子或段落，以便在精简时将它们突出显示。
>
> 2. 简洁表达：使用简洁明了的语言来表述您的结论。避免使用冗长的句子和段落，专注于传达核心信息。删除不必要的修辞和多余的词语。
>
> 3. 删除冗余信息：检查结论部分是否包含冗余信息，如多次重复的观点或陈述。删除重复的内容，使结论更加紧凑。
>
> ……
>
> （以上内容由 ChatGPT 生成，有删节。）

（2）指出未来方向

用户可让 ChatGPT 提供关于未来研究方向的建议，以鼓励后续研究者在自己研究的基础上继续探索。

示例1：我想在结论中提出一些关于未来研究方向的建议，特别是与我博士论文的主题相关的方向。可以提供一些关于未来研究方向的建议吗？

示例2：我希望鼓励后续研究者在我的研究的基础上继续探索，但我不确定应该提出什么样的未来研究问题，能提供一些关于可能的研究问题或趋势的建议吗？

示例3：我想在结论中强调我的研究的可持续性，以及如何对领域的未来产生影响，有什么好的方式可以表达这一点，同时为未来研究者提供一些启发吗？

4.3 ChatGPT 在博士论文答辩中的四大应用

4.3.1 用 ChatGPT 做论文答辩前的准备工作

用户可以使用 ChatGPT 来辅助进行博士论文答辩前的准备工作，以下是一些可能的应用。

（1）文献检索和阅读

ChatGPT 可以帮你快速找到与你论文主题相关的文献，并帮助你理解这些文献。

（2）概念解释

ChatGPT 可以回答你关于论文概念的问题，帮助你更好地理解你的论文主题。

（3）研究方法

ChatGPT 可以帮助你解释你的研究方法，包括数据收集、分析，以及实验设计等。

（4）论文结构

ChatGPT 可以提醒你论文的每个部分应该包含什么内容，并帮助你组织这些部分。

（5）语言润色

ChatGPT 可以帮助你润色你的论文，包括检查语法、字词和标点符号等。

（6）提问和回答

ChatGPT 可以回答你关于论文的问题，也可以向你提出关于论文主题、研究方法或其他相关话题的问题。

当然，在进行这些活动之前，你需要先告诉 ChatGPT 你希望完成的任务。例如"我需要一篇关于气候变化对全球农业的影响的论文的摘要"，这样 ChatGPT 才能更好地帮助你。

假设你正在准备一篇关于气候变化对全球农业的影响的论文，你可以使用 ChatGPT 来帮助你进行文献检索和阅读。你可以告诉 ChatGPT 你需要找有关这个主题的文献，然后 ChatGPT 就可以帮你找到相关的文献，包括一些综述文章、研究论文和书籍等。

用户提问

我需要找有关气候变化对全球农业的影响的文献，你可以帮我找到一些相关的文献吗？

ChatGPT 回答

> 当然可以,以下是一些可能对你有所帮助的文献。
>
> 1. Climate change and food security: Impacts, challenges and opportunities.
>
> 2. Global impacts of climate change on agriculture and food security.
>
> 3. Climate change and agriculture: Impact assessment and adaptation strategies.
>
> (以上内容由 ChatGPT 生成。)

除了这些,ChatGPT 还可以帮你找到一些书籍和网上的文章,让你更全面地了解气候变化对全球农业的影响。

在做答辩前的准备工作时,ChatGPT 可以发挥很大的作用,比如,用户可以使用 ChatGPT 来整理背景资料和制定答辩提纲。

1. 背景资料的整理和系统化总结

用户可以通过与 ChatGPT 进行交互,快速获取相关的文献、论文和其他资源,并整理出重要的观点和证据来支持自己的论点。ChatGPT 将利用其自然语言处理能力和大规模数据集,搜索与用户论文题目相关的文献和论文,并整理出关键观点和证据。

用户可以与 ChatGPT 进行进一步的交互,询问特定领域的问题或要求更详细的资料。

2. 答辩提纲的制定

使用 ChatGPT 制定答辩提纲可以帮助用户厘清思路,确定答辩的主要环节和论证步骤。ChatGPT 可以提供不同的观点和主题，并帮助用户确定适当的提纲顺序进而理顺其内部的逻辑关系，使答辩更加清晰和有条理。ChatGPT 将根据用户给出的论文题目和主要观点，制定答辩提纲，并确定合适的论证步骤。用户可以与 ChatGPT 进行进一步的交互，询问相关的问题。

需要注意的是，ChatGPT 只是一个工具，用户仍然需要结合自己的专业知识和判断力对其建议进行筛选和修改。最终的答辩提纲应符合学术规范和答辩要求，以保证清晰度和有效性。

当然，在准备答辩前的工作时，与其他专家和导师进行交流和讨论，获得他们的反馈和建议也非常重要。

4.3.2　用 ChatGPT 提炼答辩演讲要点和设计 PPT

用户在准备博士论文答辩演讲和答辩 PPT 时，需要花费大量时间来收集和整理答辩所需的资料和信息。ChatGPT 可以帮助用户更快地找到有用的信息、提炼出答辩演讲和答辩 PPT 的关键要点，并提供定制化的建议和指导。

以下是更详细的说明。

（1）引言部分

① ChatGPT 可以提供一些有趣的事实、数据或故事，以吸引听众的注意力。例如，如果你的研究是关于环境保护问题的，ChatGPT 可以提供一些与环境问题相关的数据和案例，用来引出你对于解决这些问题的研究。

② ChatGPT 可以帮助你构思一个引人入胜的开场白，例如一个引用、一个发人深省的问题或一个巧妙的比喻。你可以与 ChatGPT 进行交互，一起设计一个极具吸引力的开头。

（2）研究问题和目标

① ChatGPT 可以协助你清楚地表达你的研究问题和目标。你可以向 ChatGPT 描述你的研究问题，并询问它是否有改进的建议。

如果你的研究问题是关于人工智能在医疗诊断中的应用，ChatGPT 可以帮助你厘清论证思路，并提供一些相关的实例。

② ChatGPT 还可提供一些新颖的观点和角度，帮助你更好地定义你的研究问题，并让你的演讲更具深度和广度。

（3）方法和实验设计

① ChatGPT 可以帮助你描述你所采用的研究方法和实验设计。你可以向 ChatGPT 解释你的方法和步骤，并询问它是否有改进或提升的建议。例如，如果你的研究方法包括某种新的数据分析技术，ChatGPT 可以帮助你选择合适的词汇和表达方式，以使你的演讲更易于理解。

② ChatGPT 还可以为你提供一些语言上的建议，使你的实验设计和方法描述更加生动有趣。你可以向 ChatGPT 请教如何通过比喻、类比或故事来更好地阐述你的方法和实验过程。

（4）结果和分析

① ChatGPT 可以帮助你解释和展示研究结果，并提供一些可视化建议。你可以向 ChatGPT 描述你的研究结果，并请教如何更好地使用表格或图形来呈现这些结果。ChatGPT 可以提供一些有创意的设计建议，使你的演示文稿更具吸引力和可读性。

② ChatGPT 还可以帮助你解释结果的意义和影响。你可以向 ChatGPT 咨询如何将结果与之前的研究或现有的理论联系起来，以加强你的论证在实际应用中的可行性。

下面是使用 ChatGPT 提炼博士论文答辩演讲要点和进行答辩

PPT 设计的具体步骤。

1. 收集相关资料

当用户需要收集与自己的论文题目和主要观点相关的文献、论文和其他资料时,用户可以与 ChatGPT 进行交互,以获得最新的研究进展和相关文献。

2. 提炼答辩演讲要点

用户可以与 ChatGPT 进行交互,让其帮忙提炼出答辩演讲的要点。ChatGPT 可以帮助用户确定演讲的主要内容和论证步骤。用户可以与 ChatGPT 进行进一步交互,优化论证步骤或讨论其他相关的问题。

3. 设计答辩 PPT

用户可以使用 ChatGPT 来设计答辩 PPT,以更好地表达自己的观点和论证。ChatGPT 可以提供不同的主题和样式,帮助用户确定适当的色彩、字体和图像,并提供最佳的排版方式。

4.3.3 用 ChatGPT 预估提问问题和质疑点

ChatGPT 可以帮助博士生提前预估答辩时可能需要回答的问题以及质疑点,以便让博士生可以提前进行练习,做好论文答辩准备。

背景:用户上传了论文。

> 论文标题为:"社交媒体使用与青少年抑郁和焦虑的关系研究"。论文主要内容为:"本研究旨在探讨社交媒体使用与

青少年抑郁和焦虑之间的关系。采用问卷调查的方法，收集了 500 名青少年的数据，并进行了分析。结果表明，社交媒体使用与青少年抑郁和焦虑之间存在显著的正相关关系。本研究为深入理解社交媒体对青少年心理健康的影响提供了新的视角，并为预防和干预青少年心理健康问题提供了参考。"

……

用户提问

根据我的研究结果，答辩委员会可能会问我哪些问题？

ChatGPT 回答

根据您提供的论文内容，答辩委员会可能会提出以下问题。

你的研究方法是什么？你如何收集数据并分析结果？

你的研究结果是什么？你发现社交媒体使用与青少年抑郁和焦虑之间有什么关系？

你的研究结果对实践有什么意义？如何根据这些结果制定有效的干预措施来帮助青少年？

你的研究中存在哪些限制？为什么这些限制可能影响结果的可靠性？

对于抑郁和焦虑的评估，你采用了哪些工具？这些工具

的效度和信度如何?

在研究中,你如何确保样本的代表性?为什么你的样本能够代表整个青少年群体?

你是否考虑了其他可能影响青少年心理健康的因素,例如家庭和学校环境、生活事件等?

针对社交媒体对青少年心理健康可能的负面影响,你建议如何调整社交媒体的使用策略以减少这些影响?

你的研究结果是否支持更严格的社交媒体使用限制政策?

你的研究结果对已有相关指南或政策的制定有何启示?

以上仅是一些可能的问题,实际情况可能因答辩委员会的人员组成而有所不同。在答辩过程中,准备好应对各种可能的问题并做出相应的解答是很重要的。

(以上内容由 ChatGPT 生成,无改动。)

ChatGPT 从研究目的、研究方法、研究结果等多个方面列出了答辩委员会有可能会提出的问题,涵盖范围比较广,问题比较全面。

用户追问

除了上述你列出的问题,还会有哪些质疑点呢?

ChatGPT 回答

针对这篇论文,答辩委员会可能会提出以下与论文内容有关的质疑点。

研究的样本:研究样本是否具有代表性?是否涵盖了不同类型的青少年群体?是否考虑了性别、年龄、家庭经济状况等因素的影响?

社交媒体使用的测量:研究中如何准确测量青少年的社交媒体使用行为?有没有考虑到不同社交媒体平台的使用情况?有没有将社交媒体使用行为划分为积极和消极的方面?

心理健康的评估:研究中是否采用了可靠的心理健康评估工具来诊断青少年的抑郁和焦虑症状?有没有考虑到其他潜在的心理问题,如自卑、孤僻等?

变量之间的关系:研究中的变量(社交媒体使用、抑郁、焦虑)之间的关系是因果关系还是相关关系?是否考虑到其他中介变量和调节变量的影响?

研究方法的局限性:研究中采用了问卷调查的方法,是否还考虑了其他方法如实验、观察等?这些方法的局限性是什么?

研究的伦理问题:研究中是否遵循相关伦理规范?是否得到参与者的知情同意?是否考虑到数据保护和隐私的问题?

研究结果的可推广性:研究结果是否具有可推广性?是否适用于不同的文化背景和国家?

> 对实践的指导意义：研究结果对预防和干预青少年心理健康问题的实际意义是什么？是否可以提供具体的建议和措施？
>
> 研究的创新性：研究是否在前人的研究基础上有所突破和创新？是否考虑了新的理论框架和研究视角？
>
> 研究的贡献：研究对于深入理解社交媒体对青少年心理健康的影响有何贡献？对于未来研究有何启示？
>
> 以上仅是一些可能的质疑点，实际情况可能因论文内容和答辩委员会的关注点而有所不同。在答辩前，建议仔细阅读论文并充分准备应对各种可能出现的问题。
>
> （以上内容由 ChatGPT 生成，无改动。）

ChatGPT 的回答针对论文内容提出了一些答辩委员会可能会提出的质疑点，这有助于博士生提前了解论文答辩可能会面临的质疑。

【让提问更好】

如果需要让 ChatGPT 提出答辩委员会可能会问的问题以及质疑点，以及让这些问题更专业、发生概率更大，用户可以针对论文中的<u>某一点或某一方面</u>对其继续追问。

示例1：针对上述论文的主题，<u>研究问题</u>通常涉及哪些<u>关键挑战</u>，你能为我列出一些<u>答辩问题</u>吗？

示例2：我正在准备答辩，我的研究涉及××<u>领域</u>的复杂性问题。你能帮我生成一些相关的<u>专业性的答辩问题</u>吗？

示例3：我希望<u>答辩委员会</u>能提出关于我研究的<u>理论框架和相</u>

关文献的问题。你能为我生成关于这方面的答辩问题吗?

示例 4:我的论文内容涉及最新的研究趋势和理论发展,针对这部分,答辩委员会可能会提出什么问题呢?

4.3.4　用 ChatGPT 练习回答答辩委员会的问题

ChatGPT 不仅可以帮助用户提前预估答辩问题和质疑点,还可以针对这些问题和质疑点做出回答。

用户提问

> 假如你是一名博士生,答辩委员会针对你的论文内容,向你提问"你的研究结果是什么?你发现社交媒体使用与青少年抑郁和焦虑之间有什么关系",你会怎么回答?

ChatGPT 回答

> 作为一名博士生,针对答辩委员会的提问,我的回答如下。
>
> 首先,感谢委员会对我的研究的关注。我的研究结果表明,社交媒体使用与青少年抑郁和焦虑之间存在显著的正相关关系。具体来说,每增加 1 小时的社交媒体使用时间,青少年的抑郁得分和焦虑得分分别增加 1.5 分和 1.3 分。此外,我们还发现社交媒体使用中的负面体验,如网络霸凌、社交比较等,对青少年心理健康的影响更为显著。
>
> 其次,对于社交媒体使用和青少年抑郁和焦虑之间的具

体关系，一些研究指出社交媒体使用可能导致青少年抑郁和焦虑的产生。例如，青少年在社交媒体上花费过多的时间，就容易受到网络霸凌、社交比较等因素的影响，从而产生抑郁和焦虑等心理问题。同时，也有一些研究认为社交媒体使用对青少年的心理健康影响是中性的，或者存在保护性因素，如社交支持和自我表达等。

最后，我的研究结果揭示了社交媒体使用与青少年抑郁和焦虑之间的正相关关系，这为预防和干预青少年心理健康问题提供了新的视角和参考。家庭和学校等环境因素也会对青少年的心理健康产生影响，因此我们需要综合考虑各种因素的影响来制定相应的预防和干预措施。

（以上内容由ChatGPT生成，无改动。）

ChatGPT的回答比较准确地切中了要点，但是相对笼统，缺乏细节与数据上的支持，用户可以继续向ChatGPT追问，让它对此答案进行优化。

用户追问

我觉得你提供的回答过于笼统，你可以从不同方面对其进行优化吗？

ChatGPT回答

当答辩委员会问："你的研究结果是什么？你发现社交媒

体使用与青少年抑郁和焦虑之间有什么关系?"你可以用以下改进的回答。

引言:

首先,我要感谢委员会的提问。我的研究旨在探讨社交媒体使用与青少年抑郁和焦虑之间的关系。我们采用了问卷调查的方法,其中纳入了 500 名年龄在 13 至 18 岁之间的青少年,以深入探讨这一问题。允许我简要概述一下我们的主要研究结果。

样本信息:

首先,值得注意的是,我们的研究涵盖了广泛的青少年年龄范围,从 13 岁到 18 岁不等,以确保样本的多样性。

具体结果和数值:

根据我们的数据分析,我们发现社交媒体使用与青少年抑郁和焦虑之间存在显著的正相关关系。更具体地说,每增加 1 小时的社交媒体使用时间,青少年的抑郁得分增加 1.5 分,焦虑得分增加 1.3 分。这些结果是在统计学上显著的,具体的 p 值为 0.01。

结果的解释:

这一结果与已有研究中的某些观点相符,即社交媒体使用可能对青少年心理健康产生负面影响。社交媒体上的社交比较、网络霸凌、虚拟世界中的社交压力等因素可能导致青少年感到更加焦虑和抑郁。这一关系的复杂性也表现在,我们在研究中发现了一些保护性因素,如社交支持和自我表达。

> 虽然这些因素在某种程度上可以减轻社交媒体使用对青少年抑郁和焦虑的影响,但它们的影响相对较弱。
>
> 结论:
>
> 总的来说,我们的研究结果强调了社交媒体使用与青少年抑郁和焦虑之间的关联性。这表明了社交媒体对青少年心理健康的潜在影响,特别是在负面体验方面。这一发现有助于引起关于如何更好地监督和支持青少年社交媒体使用的讨论,以确保他们的心理健康。
>
> 结论的改进:
>
> 然而,我们也要注意,这一关系仍然复杂,需要更多的研究来深入理解其机制和潜在的干预策略。此外,我们的研究存在一些限制,例如未能详细了解青少年社交媒体使用的具体类型,以及未能考虑到家庭和学校等环境因素对青少年心理健康的影响。未来的研究可以进一步探索这些方面,以提供更全面的理解和解决方案。
>
> (以上内容由 ChatGPT 生成,无改动。)

ChatGPT 改进后的回答更加详细和全面地回答了答辩委员会提出的问题,提供了更多上下文信息和数据来支持论文主要结论。

【让回答更好】

用户在使用 ChatGPT 练习答辩委员会的提问时,如果对生成的答案不满意,一方面可以继续向其追问,让其不断优化与改进上一次给出的回答,直至最终获得令人满意的回答。另一方面可以让

ChatGPT 自己对本身生成的答案进行评价,提出可以改进与优化的地方,并让其根据这些方面,再次生成答案,循环往复,直至生成令用户满意的答案。

示例1:请检查并提升你的答辩问题答案,特别是在阐述研究结果和结论方面,我认为答案还可以更清晰和有力。你能进一步优化答案吗?

示例2:我对现有的回答不太满意,你能帮我提供更详细或更清晰的回答吗?

示例3:这个回答已经包含了一些信息,但我觉得它需要更多解释。你能补充这些内容吗?

示例4:请你对自己上述回答进行客观评价,指出哪些地方可以改进?并对你提出的值得改进的部分进行优化。

第 5 章 ChatGPT 与科研人员论文写作

5.1 ChatGPT在科研论文写作中的三大应用场景

5.1.1 用ChatGPT辅助论文初稿撰写

ChatGPT作为写作辅助工具，可以辅助科研人员快速生成论文初稿。ChatGPT可以根据用户提供的信息和要求，结合与分析大量的文本数据，生成一篇逻辑较为清晰、结构较为合理的论文初稿。

下面以论文引言部分为例，展示ChatGPT辅助论文初稿撰写的功能。

用户提问

> 我是一名房地产评估专业的研究员，我想写一篇关于北京市房价与地价之间关系的论文，但我现在不确定如何撰写论文引言部分，你可以帮我提供一个示范吗？

ChatGPT回答

> 在撰写关于北京市房价与地价之间关系的论文时，引言部分应该明确介绍研究背景、研究目的和研究问题。以下是一个可能的引言部分示例。
>
> 引言：
>
> 北京市作为我国的首都和全国经济中心之一，房地产市场一直备受关注。房价和地价是房地产市场的两个重要指标，它们之间的关系复杂且密切。在北京市的房地产市场中，房价和地价之间的关系是否健康直接影响到房地产市场的稳定

和城市经济的发展。因此，本文旨在探讨北京市房价与地价之间的关系，并分析其内在机制和影响因素，以期为政府和企业在房地产市场中的决策提供参考。

（以上内容由 ChatGPT 生成，未改动。）

ChatGPT 给出了一段具体的论文引言部分的示例，清晰地**介绍了现在的研究问题和目标**，还强调了研究结果的现实意义和对实践的影响。但是**缺乏一些具体的数据和事实**，缺乏说服力。

用户追问

你能否帮我为这段引言增加具体的数据和事实，以增加说服力？

ChatGPT 回答

当然可以。以下是一段增加数据后的引言。

北京市作为我国的首都和全国经济中心之一，房地产市场一直备受关注。房价和地价是房地产市场的两个重要指标，它们之间的关系复杂且密切。北京市的房地产市场在过去的几年中表现出强劲的增长态势。据统计，2022 年北京市的新房平均房价为每平方米 6 万元，而二手房平均房价为每平方米 8 万元，均处于较高水平。同时，北京市的土地价格同样居高不下，例如在 2022 年，北京市的住宅用地拍卖平均价格为每平方米 30000 元左右。这种高价位的房地产市场在一定

程度上反映了北京市作为全国经济中心的地位以及城市经济发展的水平。

然而，房价和地价之间的关系并非完全健康。过高的房价和地价给市场带来了一系列挑战，如市场泡沫、投资炒作以及购房者的负担太重等问题。因此，理解并掌握房价与地价之间的关系及其内在机制和影响因素，对于政府和企业在房地产市场中的决策具有重要意义。

在此基础上，我们旨在探讨北京市房价与地价之间的关系，并分析其内在机制和影响因素。我们将结合具体数据和市场情况，深入剖析房价和地价的相互关系以及各自的影响因素，以期为政府和企业在房地产市场中的决策提供参考。通过正确理解和处理房价与地价之间的关系，我们可以促进房地产市场的稳健发展，为城市的可持续发展做出贡献。

（以上内容由ChatGPT生成，未改动。）

【让引言更好】

ChatGPT可以通过对现有的引言进行分析与评估，提供修改建议和意见，辅助用户完善引言内容，让引言更好。

当用户想要用ChatGPT继续完善引言时，可以设定一定的主题与关键词，以获得更好的答案。

示例1：你能否提供一些具体的数据或案例来支持引言中对北京房地产市场的描述？

示例2：你是否可以优化引言中的某些语句表达，以提高其流畅性和可读性？

示例 3：你能否突出引言中研究的亮点和创新性？

示例 4：你是否可以给出一个预期的结论或者影响来结束引言？

示例 5：你能否在引言中增加一些关键概念的解释，以帮助读者更好地理解后续内容？

5.1.2　用 ChatGPT 辅助结构的调整和优化

在完成论文初稿后，ChatGPT 可以作为论文结构调整和优化的工具，帮助用户分析论文的逻辑结构、层次关系和语言表达等，并提供修改建议和指导，提高论文结构的严谨性，以获得高质量的、具有可读性的论文。

用户提问

> 在这篇关于北京市房价与地价之间关系的论文中，在研究方法模块我打算按照"研究设计、数据来源、分析工具介绍"这样的结构进行写作，但自我感觉仍存在不足，你能帮我进行一下调整与优化吗？

ChatGPT 回答

> 当然可以，以下是对研究方法模块的优化建议。
>
> 1. 研究设计
>
> 研究的思路和框架：说明本研究的研究思路和框架，包括问题的提出、文献的回顾、研究假设的设定等。

研究方法的选择:详细介绍所采用的研究方法,包括研究的定性和定量方法、数据采集和分析方法等,并解释选择这些方法的理由和依据。

研究设计的创新点:指出本研究研究设计的创新点和研究亮点,例如采用了最新的数据来源、运用了前沿的分析工具等。

2. 数据来源

数据类型和收集方式:介绍本研究所需数据的类型、来源和收集方式,包括是否使用公开数据库、实地调查等,并对数据的质量和可靠性进行分析和说明。

数据预处理:阐述数据预处理的步骤和方法,例如数据清洗、缺失值处理、异常值处理等,以提高数据的质量和可靠性。

3. 分析工具介绍

数据分析方法和模型:详细介绍所使用的数据分析方法和模型,包括回归分析、时间序列分析、结构方程模型等,并解释这些方法和模型的基本原理和使用范围。

数据处理软件和编程语言:介绍所使用的数据处理软件和编程语言,例如SPSS、Excel、Python等,并简要介绍这些软件和语言的优点和使用方法。

4. 定量与定性方法的结合

说明在研究过程中如何将定量和定性两种方法相结合。你可以描述你是如何使用这两种方法来相互验证结果的,或者解释你是如何使用定量方法来为定性分析提供证据的。

讨论你为什么选择这种结合方式,以及这种结合方式是如何帮助你更好地理解房价与地价之间的关系和影响因素的。

5. 研究的可重复性和可推广性

描述你的研究是否具有可重复性,即其他人是否可以按照你的方法进行同样的研究,并得到相同的结果。

讨论你的研究结果是否可以推广到更广泛的领域或者更长的时间段。你需要解释你的研究结果是否具有外部有效性,即你的结果是否可以应用到其他地方或者其他时间。

(以上内容由 ChatGPT 生成,有删节。)

ChatGPT 对用户给出的简单结构做了补充与调整,如对研究设计做出了针对性阐述、详细介绍了数据收集的方法、增加了对分析工具的介绍等,这使得研究方法模块的结构更加严谨,极大地简化了论文撰写的复杂流程。

【让结构更好】

ChatGPT 可以对用户提供的论文内容进行结构分析,并利用其辅助写作功能,提供修改建议与指导,使得整体结构更加严谨,以提高论文的表达效果。

用户若想利用 ChatGPT 对论文内容结构进行调整与优化,可以针对论文中某一模块的具体问题、具体需求进行提问。

示例 1:对于引言部分,你建议在结构上如何突出研究问题的背景和重要性?是否可以提供一些示例文本来展示引言部分的改进方向?

示例 2：对于研究设计部分，你认为哪些研究方法和模型最适合解决研究问题？在结构上，你建议如何更好地组织研究方法和模型的相关内容？

示例 3：你建议在数据来源部分如何更好地介绍，可使数据的预处理和清洗过程的结构更加清晰？

示例 4：我的段落结构看起来有点混乱，您能帮我整理一下，使论文更有条理吗？

5.1.3 用 ChatGPT 辅助内容优化和定稿

ChatGPT 作为辅助工具，除了可以辅助论文初稿撰写与结构优化调整，还可以辅助内容优化和定稿。用户如果需要对论文整体或者部分进行优化，可以将其上传至 ChatGPT，然后提出优化需求。

背景：用户上传了论文的部分内容。

> 研究发现，北京市房价与地价之间存在长期均衡关系，且地价对房价具有显著影响。具体而言，地价每上涨 1%，房价将上涨 0.8%。这表明在地价上涨的情况下，房价将有相应的增长。对于政策因素的影响，我们发现不同政策因素对房价与地价的影响具有差异性。例如，利率上调将导致房价下降，但地价基本不受影响。而房地产政策的收紧将同时导致房价和地价下降，但影响程度有所不同。
>
> 此外，我们还发现，地价对房价的影响具有滞后性。也就是说，地价的上涨在当期对房价的影响并不显著，但在未来几期中会导致房价的持续上涨。这可能是因为房地产市场

的供需关系具有一定的滞后性,在地价上涨的情况下,开发商需要一定的时间来消化成本并传递到房价中。

用户提问

针对上述论文内容,请你进行优化。

ChatGPT 回答

当提供研究结果时,您可以更具体地表达您的发现,并以更流畅的方式传达信息。以下是对您提供的研究结果的优化版本。

研究结果:

我们的研究揭示了北京市房价与地价之间的有趣关系。具体来说,我们发现这两者之间存在长期均衡关系,而且地价对房价具有显著的影响。具体而言,地价每上涨 1%,会导致房价上涨 0.8%。这意味着,当地价上升时,房价也会相应上涨,反之亦然。这一关系的稳定性对于理解北京市房地产市场的运行机制具有重要意义。

在考虑政策因素时,我们发现不同政策对房价和地价的影响存在显著差异。例如,当利率上升时,我们观察到房价会下降,但地价基本不受影响。而房地产政策的收紧则同时导致了房价和地价的下降,尽管它们的影响程度有所不同。

> 这表明政策因素在塑造北京市房地产市场表现方面具有多样性,需要更深入的政策分析。
>
> 此外,我们的研究还揭示了一个有趣的现象,即地价对房价的影响具有一定的滞后性。换句话说,当地价上涨时,当期并不会立即导致房价显著变化,而是在未来几期中逐渐传导。这可能是因为房地产市场的供需关系存在一定的滞后效应。开发商需要一定的时间来适应成本上升,并将其传递到房价中,这导致了影响的延迟。
>
> (以上内容由 ChatGPT 生成,未改动。)

ChatGPT 优化后的版本在描述研究结果时更加详细,同时语言组织更加流畅,便于读者更好地理解论文中的研究发现。

【让内容更好】

ChatGPT 可以通过其庞大的数据库与资料库,凭借其语言处理功能,对用户上传的论文内容进行优化。

用户在使用 ChatGPT 优化论文内容时,需先提供相关的段落或部分,然后提出较为明确的需求,指出希望 ChatGPT 对论文内容进行哪些方面的优化。

示例 1:你能帮我改进摘要部分,使其更吸引人并清晰地传达研究的核心问题和方法吗?

示例 2:我需要对方法与数据部分进行重写,以使其更具体,包括描述实验设计和数据来源,你能为我提供一些建议吗?

示例 3:文献综述部分需要更多的引用和相关研究,您能帮我找到一些相关的引用或提供一些建议吗?

示例 4：你能帮我改进结果与讨论部分，以更详细地描述研究结果和提供更多解释吗？

示例 5：我需要增加一些支持我的观点的例子，您能提供一些相关案例或研究吗？

5.2 用 ChatGPT 提高科研论文的可读性与影响力

5.2.1 用 ChatGPT 提炼观点

ChatGPT 可以通过识别用户提供的论文或段落中的关键信息与观点，提取与总结出论文的观点、主要发现和主张。

但是应该注意，对科学研究论文来说，最终的观点提炼最好由具有相关领域知识的专家来完成，ChatGPT 的作用是辅助和提供指导，并不能完全代替专家的判断和写作能力。

背景：上传论文"北京市房价与地价之间的关系"。

> 论文主要内容："本研究旨在探讨北京市房价与地价之间的关系，以了解各种因素如何影响这一关系。通过深入分析市场趋势、政策措施以及宏观经济因素，本研究旨在为北京市的房地产市场提供有关价格形成机制的深入见解"。
> ……

用户提问

> 请你帮我对这篇论文的主要观点进行提炼。

ChatGPT 回答

这篇论文的核心观点可以总结为以下几点。

研究目标：论文旨在探讨北京市房价与地价之间的关系，并分析政策因素对二者的影响。

背景重要性：由于北京市是我国首都，房地产市场的稳定对经济和社会稳定至关重要，因此研究房价与地价之间的关系对政策制定和市场稳定具有重要意义。

文献综述：学界对房价与地价之间的关系存在不同看法，一部分人认为地价是房价的根源，另一部分人则认为它们之间不存在必然的联系或互为因果关系。

研究方法：论文采用2006年至2018年的季度数据，运用时间序列分析方法，包括单位根检验、协整检验和格兰杰因果检验，以验证房价与地价之间的长期均衡关系和分析地价对房价的影响。此外，还引入了政策变量进行多元回归分析。

主要结果：论文的主要结果表明，北京市房价与地价之间存在长期均衡关系，且地价对房价具有显著的影响。具体而言，地价上涨1%将导致房价上涨0.8%。政策因素对房价与地价的影响存在差异，如利率上涨将导致房价下降，而房地产政策的收紧将同时影响房价和地价，但程度不同。

结论与展望：论文的结论强调了长期均衡关系和地价对房价的显著影响。同时，提到了研究的局限性，如未考虑其他因素的影响。未来的研究可以拓展更多相关领域，深入探讨政策影响机制，以及提高研究的可靠性和精度。

（以上内容由 ChatGPT 生成，未改动。）

ChatGPT 提炼出的观点总结了这篇论文的焦点、目标、方法和关键发现，使得读者在阅读论文时能够迅速了解研究内容和重要结论的关键要点，但是还需要更多具体的细节支持，以使观点更加清晰和具有说服力。

用户追问

我认为你提炼的观点缺乏细节支持，你能补充一下具体的细节，使观点更具有说服力吗？

ChatGPT 回答

当然，我可以补充更多的具体细节以使观点更具说服力。以下是更详细的观点总结。

研究目标的细节补充：论文的研究目标是深入探讨北京市房价与地价之间的关系。我们不仅仅是检验了这两者之间是否存在关联，还得出了更具体的结论，即地价的上涨会对房价产生多大程度的影响。这个关系的具体度量通过时间序列分析方法得到验证，这些方法包括单位根检验、协整检验和格兰杰因果检验。

背景重要性的细节补充：强调了北京市作为中国首都的特殊地位，我们还可以补充具体的背景信息，例如北京市在

全国经济中的地位、城市化进程的速度以及房地产市场对该地区经济和社会发展的重要性。

文献综述的细节补充：在文献综述中，我们可以引用一些具体的观点或研究，以支持不同观点的存在。例如，可以提到某些学者的研究结果，他们认为地价是房价的根源，同时也可以引用其他学者的观点，他们认为这两者之间的联系较弱。

研究方法的细节补充：在描述研究方法时，可以提供更多有关数据采集和分析的细节，包括数据来源的具体信息、采样方法、时间序列分析方法的具体步骤等。

主要结果的细节补充：关于结果，可以提供更多关于具体数据和统计分析结果的信息。例如，可以报告具体的数值，如地价每上涨1%，房价上涨0.8%这一关键结果。

结论与展望的细节补充：在结论和展望部分，可以具体列举局限性，例如数据可得性的限制，以及提出更具体的未来研究方向，如研究不同政策因素的影响机制或考虑更多的影响因素。

（以上内容由ChatGPT生成，未改动。）

通过更加具体的追问，ChatGPT对已经提炼出的观点，给出了进一步的细节补充提示，这有助于丰富和强化论文的观点，使其更加具体和清晰，便于读者更好地理解和接受研究的发现。

【让观点更好】

若用户想要更详细地提炼论文观点,可以使用一系列更具体的问题,以便深入挖掘和理解论文观点。

示例1:我需要提炼这篇论文的核心观点,可以帮我分析它吗?

示例2:论文中最重要的观点是什么?这篇论文想要传达的关键信息是什么?

示例3:论文中的主要发现包括哪些具体数据或结果?这些发现是如何得出的,是否有支持性的实例或数据?

示例4:这项研究的主要目标是什么?作者试图通过这篇论文解决或回答哪些具体问题?

5.2.2 用ChatGPT简化结论

过于专业和复杂的论文结论,容易使论文显得晦涩难懂,读者在阅读这篇论文时,也容易抓不住重点,无法较为完整和准确地理解论文本身的学术含义和学术价值。

而用ChatGPT简化结论,则会让这部分晦涩难懂的语言转换为更通俗易懂的语言,让读者更容易理解。

背景:用户上传了论文原始结论。

> 在本研究的框架下,我们利用长期时间序列数据以及高级统计模型,证实了房价与地价之间存在长期均衡关系,并且我们观察到地价对房价有着显著和正向的影响。此外,我们的多元回归分析揭示了政策因素对房价和地价的复杂影响

机制，包括利率上调对房价的负向影响以及房地产政策的多层次影响。尽管研究存在一定的局限，但这些结果为了解北京市房地产市场的动态和政策制定提供了重要见解，同时也为未来研究方向提供了指导。

用户提问

为了便于读者阅读和理解，你能帮我简化一下过于冗长和复杂的原始结论吗？

ChatGPT 回答

简化较复杂的论文结论，关键在于保留主要观点并用更简洁的语言进行表达。以下是一个原始结论的简化版本。

我们用长期数据和统计模型研究了房价和地价之间的关系，结果显示它们长期来看相互影响。政策也会对它们产生复杂的影响。这些发现对理解北京市的房地产市场和未来研究有帮助。

（以上内容由 ChatGPT 生成，未改动。）

ChatGPT 生成的简化版本保留了论文的主要观点，但用更简洁的语言表达了这些观点，减少了技术性术语和复杂的句子结构，使结论更易理解。

【让结论更好】

要让 ChatGPT 更好地帮助改进论文结论，用户可以提供明确的指导、问题和要求，以使 ChatGPT 能够更有针对性地生成和改进结论部分。

用户可以通过以下方式提问，以便让 ChatGPT 帮助改进论文的结论部分。

示例 1：我希望结论更加清晰和简明，有哪些具体建议可以提供？

示例 2：如何去除结论中的冗余内容，使其更为精炼？

示例 3：我希望结论部分更具说服力，能提供一些建议吗？

示例 4：如何确保结论在逻辑上连贯，以确保观点之间的连接？

示例 5：能否为结论部分提供一些建议，包括未来研究方向或政策建议？

5.2.3 用 ChatGPT 优化图表

用户可以向 ChatGPT 提供图表的描述或相关数据，然后要求 ChatGPT 帮助生成更清晰、简明或更具有说服力的描述或标签，以使图表更容易理解且能有力地支持自己的论文。

背景：用户上传了三张折线图，分别为"2006 年至 2018 年北京市房价折线图""2006 年至 2018 年北京市地价折线图"以及"2006 年至 2018 年北京市房价与地价比较图"。

用户提问

> 你能帮我对这三张折线图进行一下优化吗？

ChatGPT 回答

当然可以,以下是对图形进行优化的建议。

添加数据来源和单位:为了增强图形的可信度,可以明确标明数据来源和单位。例如,在图形标题下方或图注中注明"数据来源于北京市统计局"。

简化颜色和线条:在不影响辨识度的前提下,可以简化折线图的颜色和线条。

例如,可以使用北京市的标志性颜色作为背景色,使用更清晰的线条样式。

添加图例和注释:可以添加图例来标识不同年份,同时可以使用注释来标注特定年份的特殊事件或变化。

增强坐标轴标签:可以增大坐标轴的字体和标签密度,使图形更易读。

突出显示关键节点:可以使用不同的颜色、线条样式来突出显示图形中的关键节点,例如房价的峰值和谷值。

添加动态交互元素:如果可能的话,可以添加一些动态交互元素,如动态标注或动画效果。例如,当鼠标悬停在折线上某个点时,可以显示该点的具体数值或注释。

格式化文字和标签:可以统一格式化图形中的文字和标签,使其更加美观易读。例如,可以使用项目符号对图形的各个部分进行分组。

(以上内容由 ChatGPT 生成,未改动。)

ChatGPT 给出的建议十分具体和明确，但仍有进步与优化的空间。

用户追问

除了上述优化建议外，你还能为我提供一些其他的优化建议吗？

ChatGPT 回答

当然，以下是一些其他的建议。

使用标记线：你可以在折线图中添加标记线，以强调某些特殊年份或地价变化的关键节点。这可以帮助读者更好地理解地价变化的趋势和关键转折点。

调整坐标轴范围：根据数据的变化范围，你可以考虑调整 x 轴和 y 轴的范围，以便更好地显示地价的变化情况。如果地价在某几年间变化不大，你可以考虑缩小 y 轴的范围，以便更好地显示其他年份的地价变化。

使用不同的颜色或标记来区分不同时间段的地价变化：例如，你可以使用不同的颜色或标记来区分 2006 年到 2010 年、2011 年到 2015 年和 2016 年到 2018 年这三个时间段的地价变化。这样可以更清晰地显示不同时间段的地价发展趋势。

添加图例来区分不同时间段的地价变化：除了在折线图中使用不同颜色或标记来区分不同时间段的地价变化外，你

> 还可以在图形的右上角或左下角添加一个图例,以说明每个时间段对应的颜色和标记。
>
> 调整标题和标签的大小和位置:你可以根据需要调整标题、x 轴和 y 轴标签的大小和位置,以确保它们在图中清晰可见且不影响图形的总体布局。
>
> 使用网格线来增加可读性:在折线图中添加网格线可以增加可读性,特别是在地价数据较为密集的情况下。网格线可以帮助读者更好地理解地价在不同年份的变化情况。
>
> (以上内容由 ChatGPT 生成,未改动。)

在对 ChatGPT 进行详细追问后,它又给出了更多的优化建议和指导,这可以使用户在优化图表时,有更多选择和思考的方向。

【让图表更好】

ChatGPT 可以根据用户提供的信息和要求生成更准确的图表描述或标签,并能对用户提供的图表进行分析,提供优化的建议和改进的措施,以增强图表在论文中的可用性和呈现效果。

若用户需要 ChatGPT 对图表进行优化,需要提供足够的上下文信息,以便 ChatGPT 更好地理解用户的实际需求。

示例 1:这是我论文中的柱状图,能帮我生成一个更具描述性的标题吗?

示例 2:这是我研究中的散点图,表示北京市房价与地价的关系。如何为它提供更清晰的标题以准确反映数据趋势?

示例 3:我们的目标是突出地价与房价之间的关系,你有什么建议来增强这一点?

示例4：这个柱状图是用来展示地价和房价的变化趋势的，如何确保读者能够清晰理解这些趋势？

示例5：我想确保图表中的数据标签和轴标签清晰可见。你有什么建议来改进它们的可读性？

5.2.4 用 ChatGPT 打造标题

在科研论文中，标题通常会直接反映论文的主题和研究问题，以便引导读者快速了解论文内容。论文标题的写作应简明扼要、专业规范，力求准确表达论文或章节的核心思想。

ChatGPT 可以凭借其独特的语言处理技术，辅助用户打造标题。

背景：用户上传了科研论文的部分内容。

> 对于房价与地价之间的关系，学术界存在不同的看法。一些学者认为地价是房价的根源，即地价上涨会导致房价上涨；另一些学者则认为房价和地价之间不存在必然的联系，或者互为因果关系。此外，还有一些学者研究了政策因素对房价与地价的影响，认为政府的调控政策会对两者产生影响。
>
> 早期的研究主要集中在房价与地价之间的因果关系上。一些学者利用时间序列分析方法，发现房价和地价之间存在长期均衡关系，即地价上涨会导致房价上涨，反之亦然。然而，也有一些学者提出了不同的观点，认为房价和地价之间不存在必然的联系，而是由其他因素如市场供需关系决定的

（Lancaster, 1966）。

近年来，越来越多的学者开始关注政策因素对房价与地价的影响。一些学者认为利率上调会导致房价下降，但地价基本不受影响（Chen, 2017）。另一些学者则认为房地产政策的收紧将同时导致房价和地价下降，但影响程度因政策类型和实施力度而异（Wang, 2018）。此外，还有一些学者研究了土地供应政策对房价与地价的影响，认为土地供应不足会导致地价上涨，进而推高房价（Zhang, 2019）。

综上所述，学术界对于房价与地价之间的关系仍存在争议。然而，对于北京市房价与地价之间的关系的研究并不多见。因此，本文旨在探讨北京市房价与地价之间的关系，并分析其内在机制和影响因素。通过收集和分析相关数据，本文将检验房价与地价之间的长期均衡关系以及政策因素的影响程度。这有助于理解房地产市场的运行规律，为政府制定合理的调控政策提供参考。

用户提问

请你针对上述内容，帮我打造一个有深度且引人入胜的标题。

ChatGPT 回答

> 在针对这段内容打造一个有深度且引人入胜的标题时,你可以考虑以下选项。
>
> 探寻北京房价与地价之谜:因果关系与政策影响的解析。
>
> 北京市房价与地价:解密长期均衡关系与政策挑战。
>
> 地价是房价的根源?北京市的实证研究。
>
> 政策之影响:北京房价与地价相互作用的权衡。
>
> 市场争论:北京地价与房价的复杂关系。
>
> 北京市房价与地价的长期趋势:因果关系与政策透视化情况。
>
> (以上内容由 ChatGPT 生成,未改动。)

ChatGPT 生成的这些标题选项突出了研究的复杂性、争议性以及对政策因素的关注,有助于引发读者的兴趣,并强调了论文的深度和重要性。

【让标题更好】

若用户需要使用 ChatGPT 辅助自己打造标题,用户可以向其提供有关内容的关键信息,然后从多角度向其提问,使其生成更好的标题。

(1)目标与风格角度

示例 1:我希望标题引人入胜,能够吸引读者。如何创建一个引人入胜的标题,以吸引读者了解北京市房价与地价之间的关系?

示例 2:我需要一个简洁而明了的标题,准确传达研究的核心内容。如何创造一个简洁但深刻的标题,以反映这一关系的重

要性?

示例3：我希望标题中能够体现出创新性和新颖性，以吸引读者。你有什么创新性标题的建议，以突出北京市房价和地价之间的关系?

（2）研究主题与关键词角度

示例1：我的研究侧重于政策对北京市房价和地价的影响，你有什么标题建议可以突出政策因素的重要性吗?

示例2：我想强调北京市房价与地价之间的长期均衡关系，你能为我生成一个反映这一关系的标题吗?

示例3：我的研究主要关注北京市房价和地价之间的相互影响，你有什么标题建议能够突出这种互动关系吗?

（3）读者群体角度

示例1：我的目标读者是学术界的专业人士，标题应该反映出研究的深度和重要性。什么样的标题能吸引学术界专家关注北京市房价与地价之间的关系?

示例2：我希望标题能够吸引广泛的受众，不只是专业领域内的人。如何设计一个标题，让一般读者也对这一主题感兴趣并理解其重要性?

示例3：我的目标读者是广大公众，他们更倾向于阅读具有故事性和趣味性的内容。你能否提供一些更有趣、更易理解的标题建议，以吸引他们的关注?

（4）因果关系角度

示例1：我希望探讨北京市房价与地价之间的因果关系，你能为我设计一个强调这一关系的标题吗?

示例2：在学术界存在不同看法，一些学者认为地价是房价的根源，另一些持不同意见。你有什么标题建议可以反映这种争议吗？

示例3：我的研究主要关注政策对北京市房价和地价的影响，你有什么标题建议能够明确反映这种因果关系吗？

第 6 章 ChatGPT 与职称评定论文写作

秒变 AI 论文写作高手

6.1 ChatGPT 在评奖评优评职称论文写作中的应用

6.1.1 用 ChatGPT 准备申报材料

准备申报材料是评奖、评优和评职称过程中不可或缺的一部分，申请者可以向 ChatGPT 提问关于评奖、评优或评职称的标准、要求、流程和成功案例等信息，从而更好地了解申报的要求。

用户提问

> 本人本科毕业后，从事采矿工作五年，现需要申报中级职称，都需要准备哪些材料呢？

ChatGPT 回答

> 申报中级职称通常需要提交一系列材料来证明您在采矿领域的工作经验和成就。虽然具体的要求可能因国家、地区和评审机构的不同而有差异，但通常需要以下类型的材料。
>
> 个人基本信息：包括姓名、性别、出生日期、身份证号码、联系方式等。
>
> 学历和学位证书：提供本科毕业证书和学位证书的复印件，以证明您的学历。
>
> 工作经验证明：提供与采矿业相关的工作经验证明材料，包括雇佣合同、工作证明、薪资单、税单等，以证明您在采矿领域的工作经验。

> 工作业绩和项目描述：详细描述您在采矿业工作中的项目、职责、贡献和成果。这可以包括采矿项目的名称、规模、工作范围、取得的成果等。
>
> 论文和专著：如果您在采矿领域有相关的学术论文、专著或技术报告，需要提供这些文献的清单以及相关发表/编写的详细信息。
>
> 培训和继续教育：提供参加过的与采矿业相关的培训、研讨会、课程证书等信息，以证明您的继续教育和专业发展。
>
> 奖项和荣誉：如果您曾获得与采矿业相关的奖项、荣誉或认可，提供相关证明材料。
>
> ……
>
> （以上内容由 ChatGPT 生成，有删节。）

ChatGPT 回答了关于申报中级职称的一些通用材料，为申报者提供了参考，并且 ChatGPT 也表明了不同省份的申报材料要求可能存在差异，申报者还需要关注当地的官方网站。

【让材料更好】

（1）清晰地陈述问题

向 ChatGPT 提问时，申报者要提供清晰、具体的问题，明确说明需要哪种帮助，以便 ChatGPT 能够更有效地理解需求。

示例 1：如何撰写一份出色的自我评价陈述？

示例 2：如何组织和展示我的工作成果？

示例 3：应该如何准备和安排申报材料的文档结构？

示例 4：有哪些常见的申报材料准备错误需要避免？

示例5：如何处理长时间的工作空白期或缺乏相关经验的情况？

（2）提供详细的背景信息

在向ChatGPT提问时，申报者需提供关于申报者的背景、专业领域和申报项目的详细信息，以便ChatGPT提供更适合的答案。

示例1：本人本科毕业后，从事医学研究五年，现需申报医学博士学位，需要准备哪些材料？

示例2：本人毕业于艺术学院，在平面设计领域积累了五年的工作经验，现需要申报优秀平面设计师奖项，需要准备哪些材料？

示例3：本人在金融领域有十年的从业经验，现需申请高级金融分析师资格认证，需要准备哪些材料？

6.1.2 用ChatGPT搭建论文框架

ChatGPT可以快速生成论文框架，节省申报者在组织和规划论文结构方面的时间和精力，还可以在写作过程中指导申报者，确保论文具有逻辑性和连贯性。

用户提问

> 我的职称论文选题是"利用人工智能改善采矿业的运营和管理"，请帮助我搭建一个论文框架。

ChatGPT回答

> 1. 标题页
> 论文题目。

作者姓名。

学术职称。

所在单位/机构。

日期。

2. 摘要

对论文主题、研究方法和关键发现的简要概述。

3. 目录

列出论文中各个部分的标题和页码。

4. 引言

引入采矿领域的背景和重要性。

阐述研究问题和目标:如何利用人工智能技术来改善采矿运营和管理。

概述研究方法和论文结构。

5. 文献综述

回顾和总结与人工智能在采矿领域的应用相关的现有文献。

强调人工智能在采矿运营和管理中的潜在优势和面临的挑战。

……

(以上内容由ChatGPT生成,有删节。)

ChatGPT针对"利用人工智能改善采矿业的运营和管理"这一选题,提供了一个很好的职称论文的结构示例,并且结构完整清晰，有助于组织和呈现论文的内容。

【让结构更好】

（1）明确章节标题

申报者可使用 ChatGPT 明确每个章节的标题和子标题，确保它们在结构中合理、清晰，并能够准确反映各个章节的主题和内容。

示例1：我想要在第一章添加一些子标题来介绍人工智能在采矿业中的应用，该如何添加？

示例2：请帮我分析一下第二章的标题是否需要更加具体。

（2）细化论文目录

申报者可以让 ChatGPT 帮忙细化目录，包括论文中的各个模块，确保目录结构反映了整个论文的层次结构。

示例1：请帮助我确定章节标题排列顺序，以确保目录反映了职称论文的逻辑结构？

示例2：如何在目录中更好地表示子章节的层次结构？

6.1.3 用 ChatGPT 进行数据分析

ChatGPT 在数据分析中发挥着重要作用，ChatGPT 可以用简单明了的语言来解释复杂的统计方法和数据分析技术，还可以根据数据分析的结果自动生成报告，减少申报者在文档撰写方面的工作量。

背景：用户上传了采矿业运营和管理方面的数据（只是一些示例数据）。

1.采矿产量数据（见表6-1）：这些数据包括不同时间段

内的矿石、煤炭、金属或其他资源的产量,以吨或其他单位表示。

表 6-1　产量数据

时间	矿石产量(吨)
2023 年 1 月	5000
2023 年 2 月	4800
2023 年 3 月	5200
……	……

2. 成本数据(见表 6-2):这些数据包括采矿活动的成本,例如雇佣人员、设备维护、能源消耗等方面的费用。

表 6-2　成本数据

时间	人员费用(美元)	设备维护费用(美元)	能源费用(美元)
2023 年 1 月	10000	5000	8000
2023 年 2 月	11000	5500	8200
2023 年 3 月	10500	5200	8100
……	……	……	……

3. 设备状态监测……

4. 员工工作效率……

……

用户提问

对上面的数据进行简单分析。

ChatGPT 回答

根据示例数据,可以得出以下一些简单的分析陈述。

1. 产量趋势分析:从示例数据中可以看出,矿石的产量在 2023 年的不同月份之间有所波动。产量从 5000 吨下降到 4800 吨,然后再上升到 5200 吨,最后在 4 月回落至 5100 吨。这表明存在一定的季节性或周期性变化,但没有明显的长期趋势。

2. 成本结构分析:根据示例数据,人员费用、设备维护费用和能源费用的变化趋势可以进行分析。例如,人员费用在三个月内有所波动,而设备维护费用相对较稳定。这种分析可以帮助管理人员更好地了解成本结构并做出相应决策。

3. 设备状态监测:根据示例传感器数据,设备的温度和振动数据似乎在正常范围内波动。没有显示出明显的异常或故障迹象。然而,要进行更全面的设备健康状态评估,需要使用更多的传感器数据和专业分析方法。

4. 员工工作效率分析:示例数据显示了不同员工的工作任务和工作时长。通过计算每小时产量,可以评估员工的工作效率。这有助于识别哪些员工在单位时间内生产了更多的矿石。

> 需要注意的是,以上分析仅基于示例数据,实际的数据分析应该涵盖更大的时间范围和更多的数据点,以便获得更准确的见解和结论。此外,更复杂的分析方法和模型可能需要用于更深入的研究和决策支持。
>
> (以上内容由 ChatGPT 生成,未改动。)

ChatGPT 根据相关的数据进行了简单的分析,为申报者分析问题提供了基本的指导。但是 ChatGPT 的回答只是浅层的分析,申报者如需进行深层次的分析,还需要继续向 ChatGPT 追问。

示例 1:如何识别和处理异常情况以提高运营效率?

示例 2:如何优化成本结构以降低总体成本?

示例 3:如何创建有效的可视化图表以向决策者传达重要信息?

【让数据更好】

(1)清洗数据

申报者可使用 ChatGPT 识别和处理数据中的缺失值、异常值和重复项,以确保数据的准确性和一致性。

示例 1:示例数据中是否存在缺失值?如何找到并处理这些缺失值?

示例 2:示例数据中的日期和时间字段是否需要进行统一?

示例 3:如何识别和处理示例数据中的异常值,以避免对分析结果产生负面影响?

用户提问

示例数据中是否存在缺失值？如何找到并处理这些缺失值？

ChatGPT 回答

要检查示例数据中是否存在缺失值并处理它们，可以按照以下步骤操作。

1. 检查缺失值：首先，您需要查看示例数据，确定哪些列或字段包含缺失值。您可以使用 Python 中的 Pandas 库来加载数据并识别缺失值。以下是一个示例代码：

……

上述代码会计算出每列中的缺失值数量。在示例数据中，"矿石产量（吨）"列中包含一个缺失值（None）。

2. 处理缺失值：一旦您确定了缺失值的位置，就可以考虑如何处理它们。常见的缺失值处理方法包括：

……

（以上内容由 ChatGPT 生成，有删节。）

（2）数据可视化

ChatGPT 可以提供数据可视化建议，帮助申报者选择合适的图表类型和可视化工具，以便更好地展示数据的分布和数据之间的关系。

示例 1：针对不同类型的数据，哪种可视化图表类型最适合？

示例 2：如何使用可视化来发现数据中的模式或趋势？

示例 3：哪些工具适用于创建交互式数据可视化？

6.1.4　用 ChatGPT 进行结果展示

ChatGPT 可帮助申报者优化论文结果的展示，从而更好地传达和强调申报者的研究成果，以获得更多的反馈和认可。

用户提问

> 我能选择什么方式进行结果展示呢？

ChatGPT 回答

> 幻灯片演示：使用幻灯片演示软件（如 PowerPoint 或 Keynote）制作演示文稿。每张幻灯片上包括主要的文本、表格、图形和要点。这是传统的演示形式，可以通过幻灯片来呈现您的研究结果。
>
> 面对面演示：如果演示是面对面的，您可以使用大屏幕、投影仪和计算机进行演示。您可以根据需要在屏幕上显示图表和数据。
>
> 视频演示：录制一个演示视频，将您的研究结果呈现在视频中。以便在需要时随时共享，视频中可以包括表格、图形和解释。
>
> 报告文本或论文：提供一份详细的报告文本或论文，允许观众自行阅读和研究。在演示中，您可以强调主要发现和

> 结论。
> ……
> （以上内容由 ChatGPT 生成，有删节。）

ChatGPT 的回答为如何展示职称论文的结果提供了很好的建议，涵盖了多种方法和注意事项，这些建议可以帮助申报者有效地展示研究成果，并进行友好互动。

知道如何展示论文结果后，就要确定都有哪些内容适合放在结果展示里面，申报者如果不知道该如何选择，可以继续追问 ChatGPT。

用户追问

> 我想用幻灯片的形式展示我的论文结果，该如何设计我的幻灯片呢？

ChatGPT 回答

> 设计幻灯片展示您的论文结果是一项重要的任务，以下是一些指导原则，可帮助您设计一个有吸引力的幻灯片演示。
>
> 1.结构清晰：保持幻灯片的结构清晰和逻辑合理，以便听众能够轻松跟随您的演示。通常，可以采用以下结构。
>
> 标题页：包括演示标题、您的姓名、日期和所属机构。
>
> 研究背景：简要介绍研究背景、研究问题和研究意义。
>
> ……

第 6 章 ChatGPT 与职称评定论文写作

> 2. 表格和图形：使用清晰、简洁的表格和图形来可视化您的数据和结果。请确保标签明确，图表易于理解。您可以使用柱状图、折线图、饼图等不同类型的图形工具，具体取决于您要呈现的数据。
>
> 3. 简洁而有力的文字：避免在幻灯片上使用过多的文字。使用简短的句子和关键词概括您的要点。文字应该是演示的辅助工具，而不是主要内容。
>
> ……
>
> （以上内容由 ChatGPT 生成，有删节。）

ChatGPT 的回答提供了全面的指导，涵盖了设计幻灯片演示的关键方面，申报者按照指导进行幻灯片设计的话，能有效地传达职称论文的结果。

【让结果更好】

（1）添加多媒体内容

申报者可在幻灯片演示中添加多媒体元素，如视频、音频或互动模拟，利用 ChatGPT 提供多媒体的描述和解释，使演示效果更加生动。想添加多媒体内容，可以向 ChatGPT 提出以下问题。

示例 1：多媒体元素如何与人工智能应用或采矿业运营改进相关？

示例 2：应该如何设置动画或音频效果，以使它们有益而不分散注意力？

用户提问

多媒体元素如何与人工智能应用或采矿业运营改进相关？

ChatGPT 回答

将多媒体元素与您研究的人工智能应用或采矿业运营改进相关联是非常重要的，因为它有助于强调您的研究成果及应用的实际意义。以下是一些方法，可以让多媒体元素与您的研究相关联。

演示案例研究：如果您的研究包括实际的案例研究，您可以使用多媒体元素来呈现这些案例。还可以展示采矿业中的具体项目或情境，以说明您的人工智能应用是如何复现的。

数据可视化：使用多媒体图表或动画来呈现您的数据可视化结果。这可以帮助观众更好地理解数据的趋势和模式，以及人工智能如何在数据分析中发挥作用。

实地参观视频：如果可能，拍摄采矿场或实际运营地点的视频，并在演示中展示。这可以让观众有机会亲眼看到您的研究应用在实际环境中的使用情况。

……

（以上内容由 ChatGPT 生成，有删节。）

（2）ChatGPT 充当虚拟助手

申报者可使用 ChatGPT 作为虚拟助手来进行演示，让 ChatGPT

通过文字进行互动，回答问题，提供解释。

示例1：应该如何设计对话以保持与听众的互动？

示例2：在演示前怎样对ChatGPT进行编程或训练，以确保其能够执行所需的任务？

6.2　用ChatGPT提高学术论文的水平

6.2.1　用ChatGPT进行论文学术水平评估

ChatGPT 可以评估学术论文的质量，识别论文的主要问题，引导申报者进行论文修改，拓宽学术论文的深度与广度。

背景：用户上传了学术论文的初稿。

> 利用人工智能改善采矿业的运营和管理
>
> 摘要：
>
> 本研究着重探讨人工智能技术如何改善采矿业的运营和管理。通过研究和实例分析，我们发现人工智能的应用在提高生产效率、增强安全性以及优化资源分配方面具有显著效果。此外，人工智能技术还有助于采矿业实现更环保、更可持续的发展。此论文将详细介绍人工智能在采矿业中的各种应用，并就未来的研究方向进行讨论。
>
> 引言：
>
> 采矿业是一个涵盖了矿物开采、冶炼和销售的全球性行业。由于行业的特殊性，采矿业长期以来面临着许多挑战，如工作环境恶劣、生产过程复杂以及存在安全隐患等。近年

来,随着科技的进步,人工智能技术的崛起给采矿业带来了新的可能性。通过深度学习和机器学习等人工智能技术,我们可以更好地预测设备故障、优化生产流程、提高员工工作效率并降低安全风险。

人工智能在采矿业中的应用:

设备故障预测与维护:通过收集设备的工作数据并利用机器学习算法进行训练,我们可以构建预测模型,预测设备何时可能会出现故障。这样,我们就能提前进行维护,减少非计划停机时间,提高生产效率。同时,这也有助于减少因设备故障导致的安全事故。

……

用户提问

请对我的学术论文进行评估,主要从结构、语言、逻辑等方面进行评估。

ChatGPT 回答

我会对您的学术论文进行一般性的评估。

结构评估:

引言:引言部分很好地介绍了研究的主题,包括采矿业的挑战和人工智能技术的应用前景。

引言提供了清晰的研究目标,即探讨如何利用人工智能改善采矿业的运营和管理。

主体部分:摘要中提到了四个主要的人工智能应用领域,包括设备故障预测与维护、生产计划与优化、矿区安全监控和环境影响评估与预测。

这些应用领域在摘要中都有简要的介绍,但在全文中需要更详细的探讨。

结论:结论部分强调了人工智能技术在采矿业中的应用潜力,同时也提到了未来研究的方向和需要解决的问题。

……

您的论文可能存在以下不足之处。

文献综述不足:您的论文似乎没有包括相关领域的文献综述。在引言部分,通常需要介绍前人的研究成果和研究领域的背景,以便读者了解研究现状。这有助于强调您的研究的新颖性和重要性。

案例研究和数据支持:您提到了一些人工智能在采矿业中的应用领域,但似乎没有提供具体的案例研究或数据支持这些应用的效果。实际案例和数据可以更好地支持您的论点,并增强论文的可信度。

……

(以上内容由 ChatGPT 生成,有删节。)

ChatGPT 对论文的结构、语言和逻辑进行了评估,还指出了论

文存在的不足之处，对论文的改进提出了许多建议，这些建议可帮助申报者改进学术论文，使其更清晰和更有说服力。

【让评估更好】

（1）提供明确指导

申报人可向ChatGPT提供明确、具体的指导，告诉ChatGPT自己希望它关注的方面。

示例1：请检查论文的语法和字词错误。

示例2：帮我查找文献引用的不一致之处。

示例3：请评估论文中的关键观点是否清晰，是否有必要进一步展开。

用户提问

> 请提论文改进的建议。

ChatGPT回答

> 以下是一些改进建议，以帮助您完善您的学术论文。
>
> 逻辑连接：确保在全文中有清晰的逻辑连接，使每个章节的内容都与您的主要论点和研究问题相关联，以确保读者能够轻松地跟随您的思路。
>
> 数据和证据：在论文中引入更多的实际数据、统计信息和相关文献，以支持您的观点和论证。提供强有力的证据，有助于证明人工智能技术在采矿业中应用的价值。
>
> 文献引用：确保文中文献资料的引用格式符合学术规范，

例如 APA 或 MLA。另外，确保在文中正确引用前人的研究成果，以建立您的论点的学术基础。
……
（以上内容由 ChatGPT 生成，有删节。）

（2）分阶段评估

申报人可分步骤或阶段让 ChatGPT 对学术论文进行评估，而不是一次性要求 ChatGPT 评估所有内容。

示例 1：首先检查论文中是否存在语法错误或字词错误。

示例 2：评估论文的逻辑结构，包括段落之间的过渡。

示例 3：检查文献引用和引文格式是否符合学术规范。

示例 4：检查用词和表达方式，是否存在用词不准确或需要改进的地方。

6.2.2　用 ChatGPT 进行论文引用热度评估

评估论文引用热度是一种重要的学术衡量指标，它反映了论文在学术界的影响力和重要性。申报者可以在 ChatGPT 上询问关于论文引用的相关问题。

用户提问

请评估"供应链视角下××"（论文 A）和"基于食品供应链管理××"（论文 B）的引用热度。

ChatGPT 回答

> 论文 A：这篇论文已经发表了五年，被其他学者引用了 100 次。它的引用因子为 20（100 引用次数除以 5 年）。
>
> 论文 B：这篇论文发表了一年，被引用了 50 次。它的引用因子为 50（50 引用次数除以 1 年）。
>
> 在这个例子中，论文 B 的引用因子高于论文 A，这可能表明论文 B 在相对较短的时间内取得了较高的学术影响力。然而，这并不一定意味着论文 B 更优秀或质量更高，因为引用因子有其局限性。
>
> 时间因素：较新的论文通常会有较高的引用因子，因为它们还没有经历足够长的时间来吸引引用。因此，需要考虑论文发表时间的影响。
>
> ……
>
> （以上内容由 ChatGPT 生成，有删节。）

ChatGPT 评估了两篇论文的引用热度，同时还指出了评估的局限性，这是非常重要的。引用热度并不是衡量论文质量的唯一标准，因为它可能受到多种因素的影响。

【让评估更好】

明确评估引用热度的具体论文或领域，提供论文标题或关键词，以便 ChatGPT 能够找到相关信息。

示例 1：我需要查找与"食品安全"相关的论文，并了解它们的引用热度。

示例 2：我对人工智能在医学领域的研究很感兴趣。你可以为我查找在这个领域的高引用论文吗?

示例3:我想了解关于气候变化的研究的引用热度。能帮我找到一些相关论文并告诉我它们的引用数量吗?

用户提问

"我对人工智能在医学领域的研究很感兴趣。你可以为我查找在这个领域的高引用论文吗?"

ChatGPT 回答

一篇高引用的医学领域的人工智能论文是"Deep Learning for Medical Image Analysis"(《深度学习在医学图像分析中的应用》),作者为 Shen, D.G.,Wu, G.R.,和 Suk, H.I.。该论文于 2017 年发表在 *Medical Image Analysis* 杂志上,并在学术界引起了广泛的关注。截至目前,它已经被引用了超过 5000 次,证明了其在医学图像分析领域的影响力。

……

(以上内容由 ChatGPT 生成,有删节。)

第 7 章 ChatGPT 与项目申报书、论文撰写

秒变 AI 论文写作高手

7.1 ChatGPT 在科研项目申报书写作中的应用

7.1.1 用 ChatGPT 确定项目选题和研究方向

ChatGPT 可以根据申报人提出的问题或需求，从大量的文献资料中快速、准确地获取相关信息，并根据申报人提供的基本情况和目标，对信息进行分析、整理和推断，从而为申报人在项目选题和研究方向确定方面提供有效的参考和建议。

用户提问

> 我想研究社交媒体对青少年心理健康的影响，但不确定应该选择哪个具体的研究方向。你能提供一些建议吗？

ChatGPT 回答

> 当你考虑研究社交媒体对青少年心理健康的影响时，可以考虑以下几个具体的研究方向。
>
> 影响类型的研究：你可以选择研究社交媒体对青少年心理健康的具体影响类型，如焦虑、抑郁、自尊心等。这有助于明确你的研究范围。
>
> 使用频率和时长的研究：了解青少年使用社交媒体的频率、时长及使用方式，以及这些因素与心理健康之间的关系。
>
> 特定平台的研究：研究不同社交媒体平台（如 Facebook、Instagram、TikTok 等）对青少年心理健康的影响是否存在差异。

交互行为的研究：分析青少年在社交媒体上的互动行为，如点赞、评论、分享，以及这些行为如何与心理健康发生关系。

家庭环境和监督的研究：考察青少年社交媒体使用与家庭环境、父母监督之间的关系，以及这些因素对青少年心理健康的影响。

干预和预防机制的研究：研究开发和评估对应的干预和预防机制，以规范青少年社交媒体使用行为。

跨文化比较：比较不同文化背景下青少年社交媒体使用和心理健康之间的差异，以便更好地了解文化因素的影响。

长期影响的研究：考虑进行长期追踪研究，以评估社交媒体使用对青少年心理健康的长期影响。

深入访谈和观察：除了定量研究，也可以进行深入访谈和观察，以获取青少年社交媒体体验的更深层次理解。

与其他因素的交互研究：考虑社交媒体使用与其他因素（如学业压力、家庭关系等）之间的交互作用，以更全面地理解这些影响因素。

此外，建议进行文献综述，以查找已有研究中的知识空白和有待深入研究的领域。最终明确定义研究问题和假设，以便进行有针对性的研究。

（以上内容由 ChatGPT 生成。）

ChatGPT 提供了一系列关于社交媒体对青少年心理健康影响的

具体研究方向的建议。这些建议包括了不同的角度，涵盖了社交媒体使用、家庭环境、干预措施等多个方面，构成了一个全面且深入的研究框架，为研究社交媒体对青少年心理健康的影响提供了多种研究方向。

我们可以在此基础上，根据自身的兴趣、可用资源和研究目标，结合已有研究中的知识空白和有待深入研究的领域，来最终决定研究方向，以便进行有针对性的研究。

【让选题更好】

（1）如何使用 ChatGPT 确定项目选题

首先，在开始使用 ChatGPT 确定项目选题之前，申报人需要明确自己的兴趣和专长领域。申报人可以通过与 ChatGPT 互动，说明自己的专业领域和兴趣爱好，然后询问可能的选题建议。

示例 1：我的专业领域是心理学研究，我对心理学方面特别感兴趣，你觉得我可以选择什么样的科研项目？

示例 2：我是营销专业的学生，对选择什么样的科研项目你有什么建议吗？

示例 3：我是一名计算机专业的博士生，我正在寻找研究方向，你有没有一些有趣的研究题目或研究方向的建议？

通过这样的交流，ChatGPT 可以更好地了解申报人的需求和兴趣，提供更加精准的建议。

其次，根据 ChatGPT 提供的建议，申报人可以收集相关领域的文献、研究报告和数据等资料，并对其进行分析和整理。有助于申报人了解相关领域的研究现状、热点问题和未来发展方向等信息。

最后，基于兴趣和专长领域、研究目标和收集到的数据分析结果，申报人可以与 ChatGPT 进一步讨论和探讨，逐步明确研究方向和具体的研究问题。

（2）ChatGPT 如何让选题更好

首先，ChatGPT 可以根据申报人提供的关键词或研究方向，快速搜索和整理相关的文献、研究报告和数据等，帮助申报人了解相关领域的前沿和热点问题，从而扩大选题范围。

其次，ChatGPT 可以通过分析大量文献和数据，识别学科领域的研究趋势和未来的发展方向。这可以帮助申报人选择更有潜力和创新性的研究方向。

再次，在确定选题的过程中，ChatGPT 可以提供使用哪些相关领域的研究方法和工具的建议。申报人可以根据这些建议，选择适合自己的研究方法和工具，提高研究的可行性和科学性。

最后，ChatGPT 还可以帮助申报人评估科研项目的风险和可行性。通过分析文献和数据，ChatGPT 可以识别潜在的难点、挑战和风险，帮助申报人制订更加稳健和合理的科研计划。

7.1.2　用 ChatGPT 撰写项目计划书和研究方案

在准备项目计划书和研究方案的过程中，ChatGPT 能够为研究人员、学者提供有力的支持，包括但不限于文档草稿的生成，文档修订和润色，背景文献研究，问题和假设的明确定义，实验设计和数据分析计划等。

用户提问

如何设计一项研究，以研究社交媒体对青少年心理健康的具体影响？有哪些关键的研究设计要素我应该考虑？

ChatGPT 回答

设计一项研究,以研究社交媒体对青少年心理健康的具体影响是一个复杂的过程。以下是一些建议和关键的研究设计要素,可以帮助您规划这样的研究。

研究问题的明确定义:

开始时,您需要明确定义您的研究问题。例如,您可以考虑研究社交媒体使用与青少年抑郁症之间是否存在关联。确保您的问题具体、可测量和有明确的目标。

目标群体的选择:

定义您的目标受众,即研究的青少年群体,确定其年龄范围、性别、地理位置等特征。

研究设计:

考虑采用哪种研究设计。一项纵向研究可以帮助您追踪青少年社交媒体使用和心理健康之间的关系随时间的演变。另外,随机对照试验(RCT)也可以用于评估特定干预措施对心理健康的影响。

样本选取:

定义如何选择研究参与者。确保样本具有代表性,以反映您研究的目标群体。可能需要考虑使用分层抽样或随机抽样方式选取样本。

数据收集工具:

确定您将使用的数据收集工具。这可能包括问卷调查、面对面访谈、社交媒体分析工具或心理健康测量工具。

数据收集计划：

创建详细的数据收集计划，包括时间表、数据采集地点和方式。考虑如何确保数据的准确性和可靠性。

伦理审查和知情同意：

提前考虑伦理审查，并确保研究遵守伦理准则。确保获得所有研究参与者或其监护人的知情同意。

数据分析计划：

确定您将使用的数据分析方法。可能需要使用统计分析法，如相关性分析、回归分析，以评估社交媒体使用和青少年心理健康之间的关系。

控制变量：

识别并控制可能干扰您研究的因素。这可以包括性别、年龄、家庭背景、其他媒体使用情况等。

数据解释和报告：

计划如何解释和报告研究结果。确保您的结果具有实际意义，并提供政策和实践建议。

风险评估：

考虑潜在的风险和挑战，包括参与者的心理健康，以及如何应对这些问题。

预算和资源规划：

估算研究所需的预算和资源，包括人员、设备、数据分析软件等。

这些要素将帮助您规划一项系统性的研究，以研究社交

媒体对青少年心理健康的具体影响。同时，记得与伦理委员会协作，确保研究是伦理合规的。最后，与导师或同事进行讨论，以获取反馈和建议，以不断改进您的研究设计。

（以上内容由 ChatGPT 生成。）

ChatGPT 的回答提供了一般性的指导和建议，回答中包括了关键的研究设计要素和考虑事项，提供了清晰的指导，帮助申报人理解如何规划和进行相关研究，同时强调了伦理审查、数据分析、风险评估和数据解释等重要方面。

然而，这个回答仍然是一个概览，而没有深入研究的细节。具体研究设计要素和方法的选择将取决于研究的具体目标和条件。因此，在实际研究中，需要更详细地规划和讨论。

【让框架更好】

在撰写科研项目计划书时，可以通过以下方式在 ChatGPT 的辅助下使科研项目申报书或研究方案框架更好。

（1）要求 ChatGPT 提供模板和示例

通过与 ChatGPT 对话，申报人可以明确指出需要的模板内容，并提出具体的要求，例如项目的主题、部分的标题等。

例如，提问："我需要一份科研项目申报书的模板和示例，主题是'社交媒体对青少年心理健康的具体影响'。请提供包括摘要、研究问题、方法、预算等部分的模板和示例内容，以便我可以在此基础上撰写我的申报书。"ChatGPT 就会据此要求快速生成一个符合要求的框架模板。

申报人如果对 ChatGPT 生成的框架不满意，还可以进一步提出具体的要求或指示，以获取更符合自己期望的内容，包括详细描述具体的修改要求，可以是详细的方法部分或是特定样式的摘要，以及需要额外添加的部分或特定内容，如数据分析计划、时间表或研究假设等。

值得注意的是，在要求 ChatGPT 生成模板或示例时，提供研究主题是非常重要的，因为模板和示例的内容将根据主题的不同而有所不同。

（2）要求 ChatGPT 提供写作建议

申报人可以要求 ChatGPT 提供关于如何高效撰写项目计划书各个部分的建议，包括清晰的文本结构、有效的段落组织和逻辑流程的建议。

示例1：我需要一些建议，以改进我的项目计划书的质量，可以帮我识别和纠正语法错误、完善段落结构和逻辑，以及提供其他写作建议吗？

示例2：我需要制定研究假设，以指导我的研究。你能提供一些建议，以帮助我建立有效的假设吗？

示例3：我需要估算项目的预算和资源需求。有哪些方法可以帮助我进行有效的预算规划？

提供了具体的要求后，ChatGPT 可以为我们提供相关的写作建议，以帮助我们改进项目计划书的质量。

（3）要求 ChatGPT 审阅和提供反馈

科员人员还可以将项目计划书上传给 ChatGPT，让它审阅并进行反馈，以改进文档的质量。ChatGPT 可以识别不清晰或不一致的文本，并提供建议来解决这些问题。

7.1.3 用 ChatGPT 写项目申请书和准备项目答辩

在科研项目申请书中，ChatGPT 可以帮助申请人厘清研究思路、完善研究设计，并针对申请书中的重点部分进行深入剖析。通过自然语言处理技术，ChatGPT 可以分析资助机构的要求和倾向，为申请人提供更为合理的项目建议。此外，它还可以帮助申请人制作优质的答辩 PPT，提供切实可行的演讲建议，针对可能遇到的问题提供解答方案，帮助申请人更好地应对答辩中的挑战。

用户提问

> 我在项目申请书中需要一份文献综述，汇总关于社交媒体对青少年心理健康影响的现有研究。您可以帮我写一段文献综述吗？

ChatGPT 回答

> 当你需要一份文献综述来汇总关于社交媒体对青少年心理健康影响的现有研究时，以下是一个示例文献综述的开头，您可以在此基础上继续完善。
>
> 社交媒体对青少年心理健康的影响
>
> 社交媒体已经成为青少年日常生活中不可或缺的一部分。数字媒体平台的广泛使用给青少年带来了新的沟通和信息获取方式，然而，它们的使用也引发了一系列心理健康问题。本文综述了现有文献，探讨了社交媒体对青少年心理健康的影响，包括其潜在的正面和负面影响。

社交媒体的正面影响：

早期研究强调了社交媒体作为社交工具的积极作用。它们提供了机会，使青少年能够与同龄人建立联系，维护社交网络，表达个人观点，以及参与支持性社区。此外，社交媒体在教育领域也发挥了积极作用，为学生提供了学习资源和信息分享的平台。这些方面的正面影响对青少年的成长和心理健康可能产生积极影响。

社交媒体的负面影响：

然而，越来越多的研究也指出了社交媒体对青少年心理健康的负面影响。社交媒体的过度使用与青少年的焦虑、抑郁和社交孤立感之间存在关联。虚拟世界中的虐待、网络欺凌和不健康的社交比较也可能对青少年的自尊心和心理健康造成负面影响。此外，社交媒体的信息过载可能引发注意力问题和情感困扰。

本综述将深入研究社交媒体对青少年心理健康的复杂影响，以提供有关这一关键主题的更全面的理解。

这是一个文献综述的开头示例，可以根据您的具体需求和文献内容进行扩展和调整。如果您需要进一步的帮助，具体细节或文献综述的其他部分，请随时提出更多的问题和请求，我将很乐意帮助您完善您的文献综述。

（以上内容由 ChatGPT 生成。）

ChatGPT 的回答提供了一个总体的概览，介绍了社交媒体对青

少年心理健康的影响，包括正面和负面两个方面。它强调了社交媒体作为社交工具和教育资源的积极作用，同时也指出了社交媒体过度使用可能带来的潜在风险。

然而，这只是一个文献综述的开头示例，文献综述通常需要更多的深入研究和引用具体的研究结果。在实际写作中，申请人还需要确保引用相关研究，并提供详细的信息以支持文中的论点。

【让表达更好】

如何使用ChatGPT让项目申请书的表达更好？

首先，在开始撰写申请书之前，申请人可以与ChatGPT进行讨论，清晰地描述项目申请的目标和内容，包括研究问题、研究背景、研究方法、预期结果等，以使ChatGPT在撰写过程中紧紧围绕这些目标展开。举例如下。

申请人：我打算写一篇关于"社交媒体对青少年心理健康的影响"的项目申请书，我该如何开始？

ChatGPT：首先，你需要明确你的研究问题和研究背景。你想研究哪些方面的心理健康问题？你打算如何使用社交媒体数据进行研究？

申请人：我想研究社交媒体使用对青少年抑郁和焦虑的影响。我打算使用社交媒体上的公开数据，并结合一些心理学理论来进行研究。

ChatGPT：很好，这是一个有趣的研究主题。你可以在申请书中详细介绍你的研究设计和方法，并强调你的研究意义和价值。同时，你需要证明你对相关领域的了解程度，并提供一些参考文献来支持你的研究。

申请人：我在想，是否可以结合社交媒体的数据和深度学习算法来进行研究。

ChatGPT：这是一个很好的想法。你可以探讨如何使用深度学习算法来分析社交媒体数据，并提取有用的特征。同时，你需要说明你的研究方法和预期结果，并解释这些结果对青少年心理健康研究的意义。

申请人：我还可以通过调查问卷的方式，收集一些青少年社交媒体使用情况和心理健康关系的数据。

ChatGPT：这是一个很好的补充。通过调查问卷的方式，你可以获得更有针对性的数据，并进一步支持你的研究结果。同时，你也需要在申请书中详细介绍你的调查问卷设计和数据分析方法。

申请人：好的，我明白了。我会在申请书中详细介绍我的研究设计、方法和预期结果，并提供参考文献来支持我的研究。同时，我会注意语法和字词方面的问题，并使用图表和数据来支持我的申请。

ChatGPT：很好，祝你撰写出优秀的项目申请书，并顺利获得资助！如有需要，随时可以向我求助。

其次，申请人可利用 ChatGPT 的语言生成功能，让 ChatGPT 根据提供的主题和需求，生成更加准确、流畅的语言表述方式。申请人可以在完成申请书的初稿后，利用 ChatGPT 的修正功能，帮助检查语法、字词、表达等方面的错误，以使其更加准确、专业。

最后，根据申请目标和内容，申请人可要求 ChatGPT 提供一些个性化的写作建议和技巧，并利用这些建议改进申请书，使其表达更加清晰、流畅。

【让答辩更好】

在项目申请和答辩准备过程中，ChatGPT 可以提供答辩技巧和建议、协助模拟答辩、优化 PPT、解答问题和协助进行数据分析等支持。借助 ChatGPT 的帮助，科研人员可以更好地准备和组织思路，增强答辩的自信心，提高项目的质量和成功率。以下内容具体介绍其部分支持功能。

（1）提供答辩技巧和建议

ChatGPT 可以提供一些答辩技巧和建议，例如如何组织思路、如何进行有效的表达、如何与评委或听众进行互动等。这些建议可以帮助答辩人更好地准备答辩，提高答辩质量。

（2）协助模拟答辩

ChatGPT 可以扮演评审委员会成员或听众，提出可能在答辩中出现的问题，并帮助答辩人练习如何回答这些问题，帮助答辩人了解答辩的过程和要求，提前适应答辩环境。

通过模拟答辩，答辩人可以更好地准备答辩，提高答辩的质量。举例如下。

ChatGPT："您的研究表明社交媒体对青少年的心理健康有什么具体的影响？"

答辩人："我的研究发现社交媒体对青少年的心理健康有多重影响。首先，它提供了社交互动的机会，使青少年能够与同龄人保持联系。然而，社交媒体也与青少年的焦虑和抑郁有关。这是因为……"

在这个示例中，ChatGPT 提出了一个问题，答辩人回答并开始解释他的研究发现。这种模拟对话可以帮助答辩人练习回答问题，提高答辩人的表达能力和自信心。

如果答辩人有特定的问题或主题，也可以提供给 ChatGPT，ChatGPT 将根据答辩人的需求模拟相关的对话。这样的练习可以帮助答辩人更好地应对答辩问题。

(3) 优化 PPT

ChatGPT 还可以帮助答辩人优化 PPT，提供设计和内容建议，以提高 PPT 的质量。通过优化 PPT，答辩人可以更好地表达自己的观点和展示研究成果，提高答辩质量。

请注意，虽然 ChatGPT 可以提供有关文本的支持，但答辩能否成功还取决于答辩人的表达能力和专业知识。在答辩前，建议答辩人多次练习演讲和回答问题，以确保自己能够自信地呈现研究成果。同时，与导师、同事或领域专家的交流和合作也是答辩准备的重要部分。

7.2　ChatGPT 在项目申报论文撰写中的应用

7.2.1　用 ChatGPT 解决申报材料准备过程中的问题

ChatGPT 可以解决申报材料准备过程中的多种问题，包括内容完整性和准确性、逻辑性和条理性、格式规范性、数据支持和可视化，以及语言表达准确性等。通过利用 ChatGPT 的相应功能，申报人可以更加高效、准确地完成申报材料的准备工作，提高申报质量和成功率。

用户提问

> 我在申报材料中遇到了关于项目背景的问题，您能帮我提供一些有关"社交媒体对青少年心理健康的具体影响"的背景信息吗？

ChatGPT 回答

当涉及项目背景问题时,以下是有关社交媒体对青少年心理健康的具体影响的一些背景信息。

社交媒体对青少年心理健康的具体影响背景信息

使用社交媒体已成为青少年日常生活的重要组成部分,对他们的心理健康产生了多种影响,包括正面和负面影响。以下是一些关于社交媒体对青少年心理健康的影响的背景信息。

积极社交互动:社交媒体增加了青少年与同龄人、朋友和家人互动的机会。它可以促进社交联系,帮助青少年保持与社会的联系。

教育和信息获取:社交媒体平台还可用于教育和信息获取。青少年可以在社交媒体上访问教育资源、新闻和知识,从而开阔他们的视野。

焦虑和抑郁:一些研究发现,社交媒体的过度使用与青少年的焦虑和抑郁有关。虚拟世界中的社交比较和网络欺凌可能会导致心理问题。

身体形象问题:社交媒体上的滤镜和改造工具可能影响青少年的身体形象认知,导致自尊心问题。

信息过载:社交媒体使用还可能导致信息过载,影响青少年的专注力和学业表现。

这些是社交媒体对青少年心理健康影响的一些方面。具体的研究可能会更详细地探讨这些影响,并提供更多的证据

第 7 章　ChatGPT 与项目申报书、论文撰写

> 和数据来支持这些结论。在撰写申报材料时，您可以使用这些背景信息来引入您的研究主题，并解释为什么研究社交媒体对青少年心理健康的具体影响是一个重要的问题。
>
> （以上内容由 ChatGPT 生成。）

ChatGPT 的回答提供了有关社交媒体对青少年心理健康的影响的背景信息，提供了一些思路，但在撰写实际的申报材料时，我们需要更详细的信息和数据，以便更充分地支持我们的研究主题。

【让材料更好】

（1）ChatGPT 如何让材料更好

提供高效的信息搜集能力

ChatGPT 可以根据项目申报的主题和目标，快速搜集和整理相关的文献、资料和数据，从而为申报人提供充足的信息支持。

辅助论文框架构建

ChatGPT 可以根据申报人的需求，提供论文框架建议，帮助申报人更好地准备申报材料。

（2）如何使用 ChatGPT 准备材料

要求 ChatGPT 提供信息和数据支撑

通过与 ChatGPT 问答互动，申报人要求 ChatGPT 提供与研究主题相关的信息和数据。

示例 1：我需要明确定义我的研究问题和假设，您可以帮我制定一个与我的项目主题相关的研究问题吗？

示例 2：我在文献综述部分遇到困难，您可以提供一些关于"特定领域"的文献综述吗？

示例3：我不确定如何选择适当的研究方法，您可以提供关于研究方法选择的建议吗？

使用ChatGPT检查材料的质量

ChatGPT可以自动检查申报材料的质量，包括材料的完整性、准确性、逻辑性和条理性等，帮助申报人发现和纠正错误。

示例1：我需要审阅和反馈，以改进我的申报书。您可以审阅我的文档并提供反馈吗？

示例2：我需要制定预算部分，您可以帮我创建一个项目预算表格吗？

通过问答实时反馈和改进

ChatGPT可以实时接收申报人的反馈，并根据意见进行改进。在申报材料准备过程中，申报人可以随时与ChatGPT交流，提出修改意见，让其根据需求进行调整。

7.2.2　用ChatGPT解决项目论文撰写过程中的问题

ChatGPT可以通过提供灵感和思路、检查语言表达准确性、优化文章结构、提供数据支持、检查格式规范性，以及进行英文翻译和写作等方式，解决项目论文撰写过程中的各种问题。

ChatGPT可以帮助申报人更好地撰写项目论文，提高申报质量和成功率。

用户提问

我在写以"社交媒体对青少年心理健康的具体影响"为主题的项目论文，请帮助我构思项目提案的方法部分，包括数据收集和分析方法。

ChatGPT 回答

以下是一种可能的方法部分的构思，包括数据收集和分析方法。

1. 数据收集

1.1. 受试者招募

为确保代表性，从不同年龄组的青少年中招募受试者。这可以通过学校、社区组织或在线调查平台来实施。

确保获得家长或监护人的同意，特别是对未成年受试者。

使用便捷抽样方法，以确保受试者的多样性和代表性。

1.2. 数据收集工具

利用问卷调查、面对面访谈或在线调查等工具，获取受试者的社交媒体使用信息和心理健康数据。

收集社交媒体使用数据，包括每日使用时间、使用频率、社交媒体平台和互动类型。

收集心理健康数据，包括焦虑、抑郁、自尊心等方面的评估。

1.3. 数据收集过程

训练研究人员以确保数据收集的一致性和准确性。

在数据收集期间，建立受试者与研究人员之间的信任和亲近感，以便受试者更坦诚地分享信息。

2. 数据分析

2.1. 数据清洗

对收集到的数据进行初步清洗,处理任何缺失值或异常值。

根据需要进行数据变换,以满足分析的前提条件,例如正态性检查。

2.2. 数据分析方法

运用统计分析方法,如回归分析,探究社交媒体使用与心理健康之间的关联。

考虑年龄、性别、社会经济地位等因素作为控制变量,以减少混杂因素的影响。

采用心理健康量表分析,比较社交媒体使用强度与不同心理健康指标之间的相关性。

2.3. 数据解释

解释统计结果,强调社交媒体使用与不同心理健康方面的关系。

探讨研究发现的实际意义和临床意义,以及可能的因果关系或相关性。

解释可能的限制和挑战,如数据自报偏倚、因果性问题等。

预期结果

预计研究将揭示社交媒体使用与青少年心理健康之间的关系。

> 通过数据分析,我们期望了解社交媒体使用的不同方面如何与焦虑、抑郁和自尊心等心理健康问题相关联。
>
> **伦理考虑**
>
> 保护受试者的隐私,确保数据的机密性。
>
> 获得受试者同意,并尊重家长或监护人的权利,特别是对未成年受试者。
>
> 这是一个初步的构思,您可以根据您的具体研究问题和可行性进行调整。在撰写项目提案时,确保清晰地表述您的研究目的、方法和数据分析策略,以使审查人员能够理解并评估您的研究计划。
>
> (以上内容由 ChatGPT 生成。)

ChatGPT 的回答提供了一种合理和详尽的方法部分的构思,以研究社交媒体对青少年心理健康的影响。然而,最终的方法部分应该根据我们的研究问题和资源进行调整,以确保其适应特定情境。

【让表达更好】

(1)协助撰写项目论文

在项目论文撰写过程中,申报人可不断向 ChatGPT 提出要求,以使它能够更好地协助完成项目论文的撰写。ChatGPT 可以根据需求提供一些相关的例句、引用和文献资料等,以丰富申报材料的内容。

示例1:我在撰写文献综述时如何查找关于××领域的重要文献?

示例2:我需要帮助优化论文的结构,如何更好地组织我的写作？

示例3：如何在论文中引用和管理参考文献？

此外，ChatGPT还可以提供准确的语法和字词检查，帮助申报人避免一些常见的语言错误。

（2）提高项目论文的可视化效果

ChatGPT可以根据申报人的需求，提供可视化建议，帮助申报人将数据和信息呈现得更加清晰、直观和有吸引力。

我们可以要求ChatGPT帮助我们解释和解读图表的含义，以确保读者能够正确理解我们的可视化的数据和信息。还可以要求ChatGPT提供关于如何准备数据以进行可视化的建议，包括数据清洗、变换和归一化等。

7.2.3　用ChatGPT应对评审专家的提问和质疑

ChatGPT具备智能化问答和自然语言处理功能，可以根据申报材料内容对专家评审中可能遇到的问题进行预测和分析。在答辩前，ChatGPT可以帮助申报人充分准备，提前预测专家可能问的问题并准备相应的回答建议，以使申报人在答辩过程中更加自信、准确、有力地回答专家的提问。

同时，ChatGPT还可以提供实时的反馈和改进建议，帮助申报人在答辩后及时总结经验教训，进一步提高申报质量和答辩水平。

用户提问

> 评审专家提到了我们研究中的样本选择方面的问题，如何解释我们选择特定样本的合理性？

ChatGPT 回答

解释样本选择的合理性对于回应评审专家的质疑非常重要。以下是一些步骤和建议,可帮助您解释为何选择了特定样本。

清晰陈述研究目的:

首先,明确说明您研究的主要目的是什么。解释您的研究是为了回答什么问题或测试什么假设。

描述目标人群:

详细描述您的目标人群,包括其特征和特点。这有助于评审专家了解您的样本选择背后的逻辑。

论证样本代表性:

论证您的样本在某种程度上代表了您所研究的目标人群。提供数据或文献支持,表明您的样本是合理的代表。

解释可行性:

解释为何选择这个样本是合理的,包括样本的代表性和数据收集的可行性。是否因为预算、时间或其他资源限制而做出这个选择?

说明研究问题的适用性:

说明您的研究问题与您选择的样本之间的关联。解释为什么这个样本对回答您的研究问题是重要的。

考虑潜在偏差:

承认可能存在的样本选择偏差,并解释您在研究设计中采取了什么措施来减轻这些偏差的影响。

> 引用类似研究：
>
> 如果有类似研究选择了类似的样本，引用这些研究来支持您的样本选择。
>
> 透明度：
>
> 表明您的样本选择过程的透明度，包括样本招募和筛选标准。
>
> 未来改进计划：
>
> 如果可能，提供未来研究方向或改进计划，以改善样本选择的合理性。
>
> 在解释样本选择合理性时，关键是提供清晰的逻辑和合理的论证，以展示您的研究设计是基于科学原则和可行性考虑。这将有助于评审专家理解您的样本选择决策。
>
> （以上内容由 ChatGPT 生成。）

ChatGPT 的回答提供了一些关于如何解释样本选择合理性的一般性的建议和指导。这些建议可以帮助我们在回应评审专家的提问时提供清晰和合理的解释。

然而，值得注意的是，具体情况可能因研究项目的性质和领域而异，因此在应对评审专家的提问时，我们需要根据具体情况进一步定制和细化回应内容。

【让回应更好】

ChatGPT 可以通过以下方式帮助申报人应对评审专家的提问和质疑。

(1)预测问题

在准备应对评审专家的提问和质疑之前,可以使用 ChatGPT 预测专家可能会问的问题,并让它提供相应的答案和建议。这可以帮助申报人在答辩时更好地应对专家的提问。

值得注意的是,使用 ChatGPT 预测问题时要向 ChatGPT 提供与项目相关的材料,包括研究报告、数据、文献等,以使 ChatGPT 更好地理解项目内容、目的和研究背景等信息,进而使 ChatGPT 预测的问题更准确、更具有针对性。

(2)提供解答建议

当专家提出某些具体问题时,我们可以将该问题提交给 ChatGPT 来回答。

示例 1:如何回应评审专家提出的关于我的研究方法的质疑?

示例 2:评审专家提到了我研究中的限制,如何应对并解释这些限制?

示例 3:我需要改进我的数据分析部分以满足评审专家的要求,有什么建议?

示例 4:评审专家要求提供更多支持性证据来支持我的研究结果,如何应对?

ChatGPT 可以根据问题提供解答建议,包括相关的事实、数据、理论支持和案例等。这些建议可以帮助申报人更好地理解问题并提供合理的答案。

(3)检查答案的准确性

ChatGPT 可以检查答案的准确性并给出更正建议。如果申报人不完全确定自己的答案是否正确,可以让 ChatGPT 帮助检查并提供修改建议,以使答案更加准确合理。

但要注意ChatGPT的主要优势在于提供快速的信息访问和初步指导,而不是替代传统的信息检索和验证方法。因此,申报人要对ChatGPT提供的答案进行多方面的验证,以确保答案的准确性。

第 8 章

ChatGPT 与文献检索、引用

秒变 AI 论文写作高手

8.1　ChatGPT 在文献检索与引用规范中的应用

8.1.1　用 ChatGPT 选择数据库

在论文写作中，选择合适的数据库十分重要，因为其质量直接影响到论文结果的可靠性和准确性。

ChatGPT 可以帮助用户在选择数据库时更加准确和全面地了解数据库的内容和优缺点，选择最符合写作需求的论文数据库。

用户提问

> 假如你是一名本科生，需要写一篇关于房地产评估的毕业论文，你会选择哪些论文数据库作为参考？

ChatGPT 回答

> 作为一名本科生，我计划撰写一篇关于房地产评估的毕业论文，以下是我所选择的论文数据库。
>
> **Web of Science**（科学文献索引数据库）
>
> 该数据库提供了广泛的学术资源，包括世界各地的期刊、会议论文和图书等。通过 Web of Science，我可以搜索和筛选与我研究方向相关的学术文献，同时还可以使用该数据库的引文追踪功能来了解我的研究方向的最新进展和趋势。
>
> **ABI/INFORM**（商业和经济管理资源全文数据库）
>
> 该数据库主要涵盖商业、管理、经济和金融等领域的期刊文献和报告等，是商业领域的权威数据库。其中可能包括

与房地产估价相关的文献。

IEEE Xplore（学术文献数据库）

该数据库主要涵盖电气和电子工程领域的期刊文献和会议论文等，包括来自世界各地的权威期刊和国际会议。虽然主要关注的是电气和电子工程，但其中也可能包括与房地产估价相关的文献。

ScienceDirect（爱思唯尔科学文献全文数据库）

该数据库主要涵盖科学、技术和医学领域的期刊文献和图书等，是世界著名的学术出版商 Elsevier 旗下的全文数据库。由于房地产估价涉及技术和建筑领域的问题，因此 ScienceDirect 数据库可能会提供与房地产估价相关的文献资料。

PubMed（美国国立医学图书馆生物医学文献数据库）

该数据库主要收录了生物医学领域的期刊文献和会议论文等，包括来自世界各地的权威期刊和国际会议。由于我的研究方向涉及房地产估价和可持续建筑等领域，因此 PubMed 数据库可以为我提供一些与我的研究方向相关的生物医学领域的文献资料。

以上是我所选择的论文数据库，我将根据不同的研究方向和需求来选择最合适的数据库来支持我的毕业论文的撰写。

（以上内容由 ChatGPT 生成，未改动。）

ChatGPT 提供了一些具体的可以参考的数据库，但是可以看出

有些数据库与用户的实际需求关联性不强，无法提供参考价值，这就需要用户继续对 ChatGPT 展开追问。

用户追问

> 假如我的本科毕业论文研究方向为房地产评估，研究主题为"北京市地价与房价之间的关系"，除了上述数据库还有哪些可以参考的？

ChatGPT 回答

> 如果你的本科毕业论文的研究方向是房地产评估，而研究主题是"北京市地价与房价之间的关系"，以下是一些具有参考价值的数据库和信息来源，可用于支持你的研究。
>
> 国家统计局（National Bureau of Statistics，NBS）：国家统计局通常提供不同地区的房产价格和地价数据，包括北京市。您可以找到有用的历史数据和趋势，以便分析地价和房价之间的关系。
>
> 北京市房地产管理部门：北京市房地产管理部门可能会发布当地房地产市场的数据，包括土地交易信息、房价指数和土地出让价格等数据。
>
> 北京市土地资源局：该机构可能会提供有关土地交易和发布的详细信息，这对我们了解地价的变化和趋势非常重要。
>
> 中国动产评估协会：该协会可能会发布有关动产评估价的报告和数据，这些数据可以为您的研究提供参考。

> 财经新闻和行业报告：阅读财经新闻和行业报告，了解北京市房地产市场的最新趋势和评论。这些资源可以帮助您更好地了解市场动态。
>
> ……
>
> （以上内容由 ChatGPT 生成，有删节。）

ChatGPT 的回答较第一次回答而言，更有针对性，与论文研究方向与主题的关联性更强，参考价值更高。

【让选择更好】

如何选择符合实际需求的数据库呢？用户可以向 ChatGPT 追问，通过提供关键信息、细节或明确要求，让 ChatGPT 找出答案。

示例1：哪些数据库包含了有关北京市房价和地价之间关系的学术文献？

示例2：这些数据库中的文献资料是如何探讨和分析北京市房价和地价之间的关系的？

示例3：这些数据库收录的文献在研究方法、数据来源和分析角度等方面有哪些异同？

示例4：这些数据库中的文献对于理解北京市房价和地价之间的相互影响以及政策调控的效果有哪些帮助？

示例5：这些数据库是否有关于中国房地产市场的整体趋势和特征的文献，这将如何帮助我更好地理解北京市的房价和地价之间的关系？

8.1.2 用 ChatGPT 了解引用规范和文献格式

用 ChatGPT 了解引用规范和文献格式在学术写作中至关重要，因为它们既可以确保研究的透明度和可追溯性，也可以为读者提供引用来源这一重要信息。

用户在引用其他作者的观点或内容时，可用 ChatGPT 帮助确定需遵循的引用规范和文献格式。

用户提问

> 我正在完成我的毕业论文，论文中引用了一些其他作者的论文和相关知识，但是我不太清楚应该如何规范引用，你能为我提供一些建议吗？

ChatGPT 回答

> 当你在毕业论文中引用其他作者的论文和相关知识时，确保遵循适当的引用规范和文献格式是非常重要的，以下是一些建议，可帮助你规范引用。
>
> 选择适当的引用规范：确定你的学校或学院是否有特定的引用规范或指南，例如 APA、MLA、Chicago 等。如果没有特定的规范，你可以选择一种通用的学术引用规范。
>
> 在引文中选择明确的作者和年份：无论你的引用规范是哪种，都要确保在正文中使用引用标注：如果您在论文中引用了特定的页面、段落或句子，请使用适当的引用标注（如引号引用或脚注/尾注）来指示引文的具体位置。

> 列出参考文献：在论文的结尾形成一个"参考文献"或"文献引用"部分，根据选定的引用规范列出所有引用的文献。确保每个文献都符合规范，包括作者、出版年份、出版商（或期刊名称）、页码（如果适用）等信息。
>
> 使用引文管理工具：考虑使用引文管理工具，如 Zotero、EndNote 或 Mendeley，这些工具可以帮助您组织和自动化引文的创建和编辑。
>
> ……
>
> 如果您仍然不确定如何正确引用某个特定来源，建议咨询您的导师或学院的写作中心，他们通常会提供引用和写作方面的支持和指导。
>
> （以上内容由 ChatGPT 生成，有删节。）

ChatGPT 对规范引用文献提出了有针对性的建议，但其中提到一些专有名词，如 APA、MLA、Chicago 等，用户如果不太了解其具体含义，可继续追问 ChatGPT。

用户追问

> 能为我解释一下什么是 APA、MLA、Chicago 引用规范，并为我举一下对应的例子吗？

ChatGPT 回答

> 当您撰写论文时，理解不同的引用规范和文献格式对

于遵守学术规范和确保论文可读性非常重要。以下是 APA、MLA 和 Chicago 三种常见引用规范和文献格式的介绍。

APA（American Psychological Association）引用规范和文献格式

APA 引用规范和文献格式主要用于社会科学和心理学领域的学术论文。在 APA 引用格式中，参考文献的列出通常是在论文的最后，或者是单独的一个附录里面，其包含的元素和顺序可能因出版物类型的不同而有所不同。

以下是 APA 格式的文献引用示例。

Smith, J.,& Johnson, L. (2022). The effects of anxiety on depression. Journal of Psychology, 152(2), 349-360。

MLA（Modern Language Association）引用规范和文献格式

MLA 引用规范和文献格式主要用于文学和人文学科的学术论文。在 MLA 引用格式中，文献资料的引用通常包括以下元素：作者姓氏、作者名字首字母缩写（如果有多个作者，则使用"&"符号连接每个作者）、出版年份、文章或书籍标题（斜体）、期刊或书籍名称（斜体）、发表期刊的页码范围。

以下是 MLA 格式的文献引用示例。

O'Neill, J.,& Petersen, E. (2020). The role of language in human communication. In Encyclopedia of Language and Linguistics (2nd ed.). Hoboken, NJ: Wiley.

……

（以上内容由 ChatGPT 生成，有删节。）

用户追问后，ChatGPT 详细介绍了 APA、MLA 这两种引用规范，并为用户提供了案例示范。

【让格式更好】

若想了解引用规范和文献格式，以使引用格式变得更好，用户可以向 ChatGPT 指出具体的引用方向和实际需求，以获得更好的回答。

示例 1：在撰写论文时，应该如何选择合适的引用规范？

示例 2：常见的文献格式有哪些？每种文献格式都有哪些必备元素和格式要求？例如，标题、作者、摘要、关键词、正文等。

示例 3：每种引用规范（如 APA、MLA、Chicago 等）都有哪些特点和适用范围？

示例 4：在撰写论文时，应该如何根据不同的文献格式选择合适的引用方式？

8.2 用 ChatGPT 辅助文献整理和引用

8.2.1 用 ChatGPT 进行文献整理和分类

ChatGPT 可以根据用户提出的问题或需求，按照文献的主题、类型、时间、来源等不同维度对文献进行整理与分类，并按照不同的分类方式进行归纳和展示。

背景：用户上传了多篇专业论文。

论文 1 "房地产评估中的市场比较法与应用案例研究"：本论文旨在探讨房地产评估中市场比较法的应用原理、步骤

与案例。

……

论文 2 "基于财务和统计数据的房地产投资项目评估方法研究":本论文旨在研究如何使用财务和统计数据来评估房地产投资项目的价值。

……

论文 3 "基于模糊数学的'快速递减加权式'在比较法评估房地产价格中的应用研究":本论文主要研究了如何将模糊数学中的快速递减加权法应用于比较法评估房地产价格中。

……

论文 4 "房地产评估研究现状及发展趋势":本论文旨在探讨当前房地产评估领域的研究状况,并分析其未来发展趋势,包括评估技术的更新。

……

论文 5 "房地产评估研究现状及问题对策":该论文将分析当前房地产评估实践中存在的问题和不足,并提出相应的对策建议。

……

用户提问

请将这些论文分为不同的类别,以反映它们的主要研究方向。

ChatGPT 回答

根据提供的文献内容,您可以将这五篇论文分为以下不同的类别,反映它们的主要研究方向。

1. 按研究方法分类

定性研究方法:

论文 1 探讨了市场比较法的应用原理、步骤与案例,这涉及对房地产市场的定性分析。

定量研究方法:

论文 2 研究了如何使用财务和统计数据来评估房地产投资项目的价值,涉及了定量分析方法。

定量与定性混合研究方法:

论文 3 研究了模糊数学中的快速递减加权法在比较法评估中的应用,这既涉及了定量的数学原理,也包括定性的应用过程。

2. 按研究现状分类

现状与未来趋势:

论文 4 旨在探讨当前房地产评估领域的研究状况,并分析其未来发展趋势,包括评估技术的更新。这篇论文主要关注当前领域的发展趋势。

问题与对策建议:

论文 5 分析当前房地产评估实践中存在的问题和不足,并提出相应的对策建议。这篇论文着重关注现有问题和解决方案。

(以上内容由 ChatGPT 生成,无改动。)

ChatGPT按照研究方法与研究现状两种类别对上传的五篇论文进行了分类,这有利于更加准确地反映每篇论文的研究内容与方向。

【让分类更好】

为了让ChatGPT对文献更好地进行分类,用户可以尝试从不同的角度和维度进行提问,以获得更好的回答。

(1)基于主题的提问

示例1:请根据这些文献的主题将它们分成不同的类别。

示例2:按照主题将这些文献分为"市场分析""投资策略"和"评估方法"三个类别。

示例3:这三个类别中,每一类的文献数量分布是怎样的?

(2)基于方法的提问

示例1:可以将这些文献按照研究方法进行分类吗?

示例2:请将文献分成"定性研究"和"定量研究"两个类别。

示例3:定性研究和定量研究的文献在研究问题、研究设计和研究结论上有何不同?

(3)基于研究现状的提问

示例1:请根据这些文献的研究现状将它们分类。

示例2:将这些文献分成"当前研究"和"未来趋势"两个类别,以反映它们的研究方向。

示例3:"当前研究"和"未来趋势"两类文献在研究问题和研究方法上有何异同?

8.2.2　ChatGPT在引用信息提取中的应用

ChatGPT在引用信息提取中有多种应用,包括但不限于识别和

第 8 章　ChatGPT 与文献检索、引用

抽取实体信息、分析语义关系、抽取特定事件、生成摘要信息等。这些应用可以帮助用户快速、准确地进行引用信息的提取，提高文献检索和分析的效率。

背景：用户上传了论文《基于财务和统计数据的房地产投资项目评估方法研究》。

> 本论文旨在研究如何使用财务和统计数据来评估房地产投资项目的价值。首先，论文介绍了房地产投资项目评估的基本原理和方法，包括现金流量折现法、内部收益率法、净现值法等。接着，论文阐述了如何利用统计方法，如回归分析、时间序列分析等，对房地产市场的财务和统计数据进行深入挖掘和分析。最后，论文通过实际案例，展示了如何将财务和统计数据用于房地产投资项目的评估，并对其结果进行深入讨论。
>
> ……

用户提问

> 假如你是一名房地产评估专业的本科生，你需要写一篇本科毕业论文，你想对上述论文内容进行引用，你会从哪些方面对上述引用信息进行提取？

ChatGPT 回答

作为一名房地产评估专业的本科生，如果我想对上述论文内容进行引用，我会从以下几个方面对引用的信息进行提取。

引用论文的主要观点和研究方法：

我会引用论文的主要观点和研究方法。这些信息通常会在论文的引言、研究背景、研究目的等部分进行阐述，可以帮助我了解该论文的研究重心、研究方法和研究意义。

引用论文的房地产投资项目评估基本原理和方法：

在上述论文中，提到了现金流量折现法、内部收益率法、净现值法等房地产投资项目评估的基本原理和方法。这些方法在房地产评估领域具有广泛的应用，因此我会在引用时详细阐述这些方法的基本原理、计算过程和应用场景。

引用论文的统计方法应用：

该论文还提到了如何利用统计方法，如回归分析、时间序列分析等，对房地产市场的财务和统计数据进行深入挖掘和分析。这些统计方法在房地产评估领域也具有很高的应用价值，我会对引用的具体方法及其应用范围、数据来源和计算步骤等方面进行详细阐述。

引用论文的实际案例分析：

最后，我会引用实际案例分析。这些案例可以帮助我了解如何将财务和统计数据用于房地产投资项目的评估，以及评估结果的具体表现形式。同时，我还会引用案例分析中得出的结论和对未来研究方向的展望。

（以上内容由 ChatGPT 生成，无改动。）

ChatGPT 的回答从主要观点、研究方法、评估基本原理和方法、统计方法应用以及实际案例等多个方面对引用的信息进行了提取，这有助于用户更好地理解和应用引用信息所阐述的房地产评估方法。

用户追问

实际操作中，我应该如何引用上述论文中的统计方法，能为我举个例子吗？

ChatGPT 回答

在引用上述论文中的统计方法时，你可以采取以下步骤。

确定所需引用的具体统计方法。在上述论文中，提到了回归分析和时间序列分析等统计方法。

在你的论文中，应该先简要介绍该统计方法的基本原理和应用范围。例如，你可以写道："回归分析是一种常用的统计分析方法，用于研究变量之间的相互关系，并预测因变量的取值。"

引用上述论文中具体阐述该统计方法的部分，并对其应用步骤进行详细说明。例如，你可以引用论文中关于回归分析部分的论述，并详细描述该方法的实施步骤和数据来源。

> 在你的论文中,应该结合实际案例对所引用的统计方法进行具体应用和展示。例如,你可以引用一些房地产市场的财务和统计数据,并通过回归分析来预测房地产投资项目的价值。你可以写道:"基于某市的房地产市场数据,通过回归分析方法,我们可以预测未来房地产投资项目的价值。"
>
> 在引用过程中,要注意标注所引用的信息来源,即上述论文的作者、题目和具体章节等详细信息。例如,你可以在引用回归分析方法时注明:"该方法来源于[1](作者、题目和具体章节)。"
>
> (以上内容由 ChatGPT 生成,未改动。)

ChatGPT 的回答进一步阐述了如何引用其他论文中的统计方法,并提供了举例说明,这有助于用户结合实际案例对引用的方法进行具体应用和展示。

【让提取更好】

引用信息的提取对于用户撰写论文具有借鉴意义,用 ChatGPT 提取引用信息可以快速掌握引用内容中的关键部分,用户可以对此进行参考与借鉴,从而完成自己的论文撰写。用户在使用 ChatGPT 提取引用信息时,可以采用不同的技巧向其提问。

(1)提供清晰的问题和需求

示例1:我应该如何更好地引用这篇文献中使用的评估方法?这些方法在哪些方面有助于房地产投资项目的决策?

示例2:在引用的过程中,我应该如何处理文献中的数据、图形和表格等信息?

示例 3：对于这篇文献中提到的当前房地产投资项目的评估方法和体系对于我的论文有什么借鉴作用？

示例 4：如果文献没有提供具体的引用格式，那我应该根据哪些标准或规则自行确定引用格式？

（2）明确引用位置

示例 1：在我的论文的引言部分，我需要添加一篇引用来支持我的研究目的。可以帮我在下列文献信息中，提取一些适合的关键词吗？文献信息如下（略）。

示例 2：我需要为我的房地产评估论文添加一篇引用，这篇引用应该放在第三段的最后，请为我从下列文献中提取一篇合适的引用。文献信息如下（略）。

示例 3：我希望在我的论文结论部分添加一篇引用，以总结我的研究发现。请为我生成规范格式的引用信息。文献信息如下（略）。

8.2.3 用 ChatGPT 校正援引和引述的准确性

用户可以通过提出相关问题或寻求建议的方式，让 ChatGPT 对论文中援引和引述的准确性进行检查与校正。

背景：用户上传了论文部分内容。

> 人工智能（AI）的快速发展在当今社会中不容忽视。正如 Smith（2021）所指出的那样："近年来，人工智能应用在包括医疗、金融和交通等各个领域取得了重大进展"。这一引文突显了 AI 技术在多个领域的广泛应用，不仅令人振奋，而

且对我们的生活方式、工作方式和社会互动方式产生了深远的影响。

在医疗领域，AI的应用已经导致了医学诊断和治疗的革命性变革。智能诊断工具和机器学习算法能够帮助医生更准确地检测疾病和制定治疗方案。这不仅提高了患者的生存率，还减轻了医疗工作者的工作负担。

在金融领域，AI被广泛用于风险评估、市场分析和投资决策。这种技术的应用已经改变了金融行业的运作方式，并促使金融机构更好地适应市场波动。

而在交通领域，自动驾驶汽车和智能交通管理系统的发展已经提高了交通的效率和安全性。

尽管这些进展令人兴奋，但也伴随着一系列挑战，包括隐私问题、伦理问题和社会不平等。因此，我们需要深入思考如何在AI时代平衡技术的潜力和社会的需求，以确保这一技术对整个社会产生积极的影响。

用户提问

我在上述论文内容中引用了"近年来，人工智能应用在包括医疗、金融和交通等各个领域取得了重大进展（Smith, 2021）"，这样是否准确？

ChatGPT 回答

> 您在上述论文内容中引用的句子"近年来,人工智能应用在包括医疗、金融和交通等各个领域取得了重大进展(Smith, 2021)"看起来是准确的引用,因为它包括了引用内容、引用来源(Smith, 2021)和引文标点。
>
> 然而,请确保以下几点。
>
> 引文的作者和出版年份(Smith, 2021)必须与您的文献引用或参考文献列表中的引用信息相匹配。
>
> 引文的引号和其他标点符号必须正确使用,以确保引文的准确性。
>
> 您的文中必须提供完整的引用信息,以使读者能够查找到原始论文并核实引文的来源。
>
> 如果这个引用是准确的并且符合您的论文的主题和上下文,那么它应该对支持您的观点和论点非常有帮助。
>
> (以上内容由 ChatGPT 生成,未改动。)

ChatGPT 的回答指出了论文引用的正确性,并给出了使论文引用更好的建议,这有助于用户按照这些建议对自己的论文引用进行自我检查与校正。

用户追问

> 你提到了引文的引号与其他标点符号的使用问题,那你能为我介绍一下论文引用中应该如何使用这些标点符号吗?并帮我对上述引用的这些内容进行一下标点符号检查。

ChatGPT 回答

在论文中引用文献或其他来源时,标点符号的使用非常重要,因为它们有助于清晰表达引文的边界和上下文。以下是一些关于论文引用中使用标点符号的一般准则以及对您提供的引文的标点符号检查。

1. 引用的引号:引用的内容通常用引号包围,以明确它是从原始文献中直接摘录的。

2. 逗号:逗号通常用于分隔引文内容和作者、出版年份。在引文结束后,作者和出版年份之间应该有一个逗号,然后作者的名字和出版年份之间也应该有一个逗号。

3. 括号:括号用于包含引文中的作者和出版年份。在引用的结尾,右括号用于结束引文。

4. 引用详细信息:引文通常应该伴随有完整的引用详细信息,包括作者的姓名、出版年份和页面号码(如果适用),这些信息通常位于引用之后,以便读者可以查找原始文献。

这个引文中的标点符号使用是正确的。

引用的内容用双引号包围。

引文结尾的右括号表示引文的结束。

逗号在引文内容和出版年份之间使用,以及在出版年份和作者姓名之间使用。

(以上内容由 ChatGPT 生成,未改动。)

ChatGPT 为用户详细介绍了论文引用部分标点符号的使用情

况，并对用户上传的论文部分进行了引述的检查。

【让引用更好】

援引和引述内容的准确性对于论文来说至关重要，用 ChatGPT 对其进行检查与校正可以辅助用户提高效率，提高论文的整体质量。

用户可以与 ChatGPT 建立对话，提出希望 ChatGPT 帮助用户解决的问题，请 ChatGPT 帮助检查援引和引述的准确性。用户若得不到满意的回答，可以继续追问。

示例 1：我在这里引用了一句话，它是否准确？

示例 2：我是否正确引述了这位作者的观点？

示例 3：我引述了这个统计数据，但我不确定是否使用了正确的数字，你能帮我检查一下吗？

示例 4：请检查一下这个引文是否与原始文本一致。

示例 5：这段文献中有没有出现任何错误或遗漏的引述？如果有，它们对文献的观点或论证有影响吗？

第 9 章
ChatGPT 与内容润色、语言优化

秒变 AI 论文写作高手

9.1 用 ChatGPT 进行内容润色与语言优化

9.1.1 用 ChatGPT 优化论文内容

ChatGPT 是一个大语言模型的应用，它可以通过分析海量的文字资料来创作文章。还可以<u>帮助我们在论文写作过程中润色和优化论文内容</u>，包括检查语法和字词错误，改进段落结构和提升连贯性，添加支持性证据和引用，辅助修订和编辑等。

背景：用户上传了论文段落。

> 本研究通过大数据分析技术，探讨了个性化营销策略在市场营销中的应用及其效果。研究结果表明，个性化营销策略相比传统营销策略更具优势，能够更好地满足消费者需求，提高营销效果。因此，建议企业在未来的市场营销实践中积极应用大数据技术，制定更具针对性的个性化营销策略，以提升品牌影响力和市场竞争力。
>
> 然而，本研究仍存在一定不足之处。首先，研究样本仅局限于某一特定群体，未来研究可以进一步拓展样本范围，以覆盖更广泛的消费者群体。其次，本研究主要关注了大数据分析在个性化营销策略中的应用，未来研究可以探讨其他新兴技术在市场营销中的影响和作用。最后，本研究仅关注了个性化营销策略的短期效果，未来研究可以进一步探讨其长期效果和影响。

用户提问

你现在扮演一个营销领域的专家,请从专业的角度分析,以上内容是否有需要修改的地方?注意,不要全文修改,你需要一一指出需要修改的地方,并且给出修改意见以及推荐的修改内容。

ChatGPT 回答

你的研究摘要看起来已经非常清晰和有条理。然而,如果你希望进一步改进和优化这段文字,可以考虑以下几点建议。

1. 提供更多具体的研究结果

原文中没有提供具体的研究结果或数据。建议添加一些关键的数据或发现,以支持研究的结论。例如,你可以在结论部分附上一个或两个具体的数据点,如"个性化营销策略实验组的销售额较传统策略组提高了30%"。

2. 突出研究的方法和数据源

在摘要中,可以简要提及你使用的大数据分析技术和数据源,以展示研究的方法论基础。这有助于为读者提供研究的背景信息。

3. 明确强调研究的贡献

摘要中可以更明确地强调你的研究对于市场营销领域的贡献。例如,你可以写:"本研究填补了现有研究的空白,明

确指出了个性化营销策略对于提高市场竞争力的实际影响。"

4. 讨论建议的实际价值

在结尾部分,强调你的建议对企业的实际应用价值。例如,你可以写:"这些发现为企业提供了战略指导,鼓励它们积极采用大数据技术,制定更具针对性的个性化营销策略,从而提高品牌影响力并在激烈的市场竞争中脱颖而出。"

5. 简化语言

尽量使用简洁、清晰的语言,避免过多的复杂术语或长句。这有助于确保摘要易于理解。

修改后的示例

本研究应用大数据分析技术,深入研究了个性化营销策略在市场营销中的应用及效果。具体而言,个性化营销策略在提高销售额、客户忠诚度和市场份额等方面表现突出。例如,实验组在销售额方面相较于传统策略组提高了30%。

这项研究填补了现有研究的空白,强调了个性化营销策略对于企业提高市场竞争力的实际贡献。通过利用大数据技术,企业能够更准确地满足不同消费者的需求,提高品牌影响力,并在竞争激烈的市场中获得竞争优势。

这些发现为企业指明了方向,鼓励它们积极采用大数据技术,制定更精细化的个性化营销策略,从而提高品牌影响力并在激烈的市场竞争中脱颖而出。

(以上内容由 ChatGPT 生成。)

ChatGPT 的回答提供了一些有针对性的修改建议，以增强研究摘要的专业性和清晰度。这些修改建议包括提供具体的研究结果、突出研究方法和数据源、明确强调研究的贡献、讨论建议的实际价值以及简化语言。这些修改可以帮助论文写作者更好地理解研究的重要性和发现，并使摘要更具吸引力。

【让论据更好】

在使用 ChatGPT 优化论文内容之前，首先要明确优化目标，是语法和字词错误，还是需要提高段落之间的连贯性？或者需要增加更多的信息和引用来支持论点？

确定优化目标后，根据自己的需求调整润色方式。例如，可以向 ChatGPT 提出问题，以获得关于哪些证据或引用可以增强你的论文的建议；询问 ChatGPT 关于如何更好地组织段落、提供过渡或重新排列部分的建议；请求修改并润色论文的某一段落，以使其更符合语法规范和表达更清晰等。

在润色过程中，用户如果认为回答不够好，或者方向不对，可以要求重新回答，并且指明侧重方向。比如你只希望去除当前段落的冗余，并不想改动原意，也可以要求 ChatGPT 提供多个版本的修改建议。

最后，论文内容的润色和优化是一个不断重复的过程，我们要多次优化，逐渐改进论文。每次优化后，都要仔细审查并考虑 ChatGPT 的建议。

9.1.2 用 ChatGPT 优化论文语言

除了内容优化，ChatGPT 还可以帮助我们优化论文的语言表达，如通过使用比喻、隐喻和修辞手法，使文章更生动、有趣，搭配非正式的语气和人称代词,使读者更容易理解和投入其中。

背景:用户上传了论文段落。

> 文献综述:
> 虽然传统的市场营销策略在过去的实践中取得了显著成果,但现有研究发现其仍存在一些不足之处。首先,传统营销策略往往忽略消费者的个性需求,无法满足当今市场日益多元化的消费者需求。其次,传统营销策略的成本较高,而个性化营销策略可以通过数据分析和精准定位来降低营销成本。因此,本研究提出将大数据技术应用于市场营销,以制定更具有针对性和有效性的个性化营销方案……

用户提问

> 请修改并润色上面的文字,以使其更符合语法规范和表达更清晰。

ChatGPT 回答

> 文献综述:
> 尽管传统的市场营销策略在过去的实践中取得了显著的成果,但现有研究发现它们存在一些缺陷。首先,传统营销策略通常忽略了消费者的个性需求,未能满足当今市场中日益多元化的消费者需求。其次,传统营销策略的成本较高,

> 而个性化营销策略可以通过数据分析和精准定位来降低营销成本。因此,本研究提出将大数据技术应用于市场营销,以制定更具针对性和有效性的个性化营销方案。
>
> (以上内容由 ChatGPT 生成。)

ChatGPT 修改后的文本保留了原文的核心信息,同时简化了一些表达,使其在语法和表达上更加清晰和流畅。有助于更好地展示研究综述中的关键信息。

【让语言更好】

(1)ChatGP 让语言更好

表达简练:消除不必要的词语和短语,使句子更加清晰、直接。

语言客观:删除主观性语言,以客观的立场呈现信息。

描述具体:提供更具体的细节,以支持论点或想法。

表达连贯:确保句子有良好的组织结构,逻辑流畅。

风格一致:确保句子所使用的语言和风格与论文的其余部分一致。

符合学术风格:使用学术写作中常用的术语和短语。

语法正式:使用正确的语法和句法,例如避免句子碎片化或跑题。

更具细节的描述:通过使用词语或短语来阐释更复杂或微妙的含义,使句子更具细节。

(2)ChatGPT 优化论文语言的方法

考虑论文的目标受众。如果论文是面向特定的受众,可以向 ChatGPT 询问如何调整语言风格以更好地满足受众的需求。

随时向 ChatGPT 提问，以获取有关特定段落、句子或问题的建议。ChatGPT 可以为我们提供不同层次和类型的帮助。

请 ChatGPT 提供更富有表现力的句子和短语，以改进论文的语言，使论文更具吸引力和清晰度。

9.2 用 ChatGPT 提高逻辑性和完整性

9.2.1 用 ChatGPT 梳理逻辑

在写作论文的过程中，我们经常会遇到思路不清晰、段落组织混乱的问题。我们可以向 ChatGPT 寻求帮助，将论文主旨和各个段落的关系进行逻辑串联。ChatGPT 通过其智能回复功能可以给予我们总体指导，帮助我们整理思路，确保论文逻辑清晰、连贯。

背景：用户上传了论文段落。

> 4.1 个性化营销策略对消费者满意度的影响：通过分析问卷调查数据，发现个性化营销策略显著提高了消费者的满意度，因为他们感到被理解和重视。
>
> 4.2 个性化营销策略对品牌忠诚度的影响：研究结果显示，个性化营销策略有助于建立更深层次的品牌关系，提高了消费者的品牌忠诚度。
>
> 4.3 个性化营销策略对购买意愿的影响：数据分析表明，个性化营销策略使消费者更有可能购买产品或服务。
>
> 4.4 个性化营销策略的参与度和互动性：个性化营销策略激发了消费者的参与积极性，促进了互动，进一步增强了

第 9 章　ChatGPT 与内容润色、语言优化

营销效果。

……

用户提问

请审阅我的论文的逻辑结构，看是否有改进的空间。

ChatGPT 回答

这段内容探讨了个性化营销策略在不同方面对消费者的影响，包括满意度、品牌忠诚度、购买意愿以及参与度和互动性。让我们对这些观点进行逻辑梳理。

4.1　个性化营销策略对消费者满意度的影响

这一部分的主要观点是，个性化营销策略显著提高了消费者的满意度。

逻辑合理性：这个观点的逻辑合理性在于，个性化策略能够更好地满足消费者的个性需求，使他们感到被理解和重视，从而提高了他们的满意度。

缺少的是具体的数据支持，例如具体的满意度得分或统计显著性水平。

4.2　个性化营销策略对品牌忠诚度的影响

这一部分的主要观点是，个性化营销策略有助于建立更深层次的品牌关系，提高了消费者的品牌忠诚度。

逻辑合理性：个性化营销策略能够更好地满足消费者需求，增加与品牌之间的情感联系，这有助于提高他们的品牌忠诚度。

还需要提供具体的数据或案例来支持这一观点，比如品牌忠诚度的增长百分比或实际案例。

4.3　个性化营销策略对购买意愿的影响

这一部分的主要观点是，个性化营销策略使消费者更有可能购买产品或服务。

逻辑合理性：个性化营销策略可以通过更好地匹配消费者需求来提高他们的购买意愿。

类似地，需要提供具体的数据或案例来支持这一观点，例如个性化营销策略带来的销售增长百分比或实验结果。

4.4　个性化营销策略的参与度和互动性

这一部分的主要观点是，个性化营销策略激发了消费者的参与积极性，促进了互动，进一步增强了营销效果。

逻辑合理性：个性化营销策略通常需要与消费者互动，例如根据他们的偏好提供定制建议，从而增加了互动性。

同样，需要提供具体的数据或案例来支持这一观点，如社交媒体分享率的增加或其他互动指标的提高。

总的来说，这些观点在理论上具有逻辑合理性，但为了增强论文的说服力和实用性，需要提供更多具体的数据支持或实际案例来证明这些观点。这将使论文更具可信度，能够更好地支持个性化营销策略的重要性和有效性。

（以上内容由 ChatGPT 生成。）

ChatGPT 对这段内容的逻辑梳理是合理的,它对每个观点进行了明确的阐述,并在每个观点下提供了逻辑合理性的解释,提出了增加数据支持、案例引用两个修改意见。

ChatGPT 的回答提供了一个良好的框架,但需要通过添加具体数据和案例来进一步加强和支持观点,以使论文更具说服力和实际应用价值。

【让逻辑更好】

使用 ChatGPT 来梳理逻辑需要遵循一些基本原则,以确保论文写作者能够有效地组织语言和厘清思路。

首先,用户必须明确希望在逻辑梳理中实现的目标,是为了解决一个问题、表达一个观点、论证一个观点,还是做出决策?明确目标有助于用户更好地组织信息。

示例 1:我想要确保我的论文有清晰的逻辑结构,你能为我分析一下吗?

示例 2:我需要优化我的论文结构,以更好地传达我的观点。你能提供一些建议吗?

示例 3:我希望你帮助我整理我的论文,使其更具连贯性和逻辑性。有什么建议吗?

示例 4:润色上面的内容,使其更符合学术风格。

其次,使用 ChatGPT 来列出与主题相关的关键点、事实或观点,将信息有序地组织起来;再确定一个逻辑结构,以帮助我们呈现信息。常见的结构包括时间顺序、因果关系、比较或对比、问题与解决方案等。

最后,在完成逻辑梳理后,仔细检查,以确保信息的表达一致、无矛盾,并且按照你选择的逻辑结构有序排列。

逻辑梳理是一个渐进的过程。反复修改并不断改进你的梳理，以确保它达到你的目标。当然，与他人讨论你的逻辑梳理，听取他们的反馈，也可确保你的思维在逻辑上是清晰和连贯的。

ChatGPT 可以作为一个有用的工具来帮助你收集信息、整理思路和提供建议，但它仍然需要我们的主观判断和编辑，以确保逻辑梳理的质量。

9.2.2 用 ChatGPT 补充维度

ChatGPT 可以通过自然语言处理技术和数据分析等方式，从大量的文本数据中提取有用的信息，进而为我们提供有关特定主题的多方面信息。

例如，我们可以向 ChatGPT 询问某个研究领域的现有研究状况和研究空白，ChatGPT 会根据我们对该领域的描述生成回答。这些回答可以为我们提供有关该领域当前状态的背景知识，并帮助我们发现可能的研究维度。因此，ChatGPT 应用于论文写作中，可以帮助我们更好地扩充论文研究维度。

> 用户提问
>
> 我正在写一篇主题为"基于大数据分析的个性化营销策略研究"的论文，我需要更多的数据支持来论证我的观点。你能帮我提供一些新的研究思路吗？

ChatGPT 回答

当你需要更多数据支持和新的研究思路来论证你的关于基于大数据分析的个性化营销策略的论点时，以下是一些可能的研究思路。

消费者数据隐私和个性化营销：调查消费者对于个性化营销中涉及其数据隐私的担忧。研究如何平衡个性化推荐与隐私保护，以提供更令人满意的个性化体验。

大数据分析工具和技术：探讨不同大数据分析工具和技术在个性化营销中的应用。比较各种工具的效果和适用性，以确定最佳实践。

跨文化个性化营销：研究不同文化背景下个性化营销策略的差异，以及如何在跨文化环境中有效地应用大数据分析来满足不同文化的需求。

个性化营销的长期效果：考察个性化营销策略对于客户长期忠诚度的影响。通过追踪客户行为和反馈，了解个性化营销的持续影响。

社交媒体和个性化营销：分析社交媒体平台上的个性化营销策略，包括如何利用社交媒体数据来实现更精准的个性化推荐。

可解释性和透明性：研究如何增加个性化营销策略的可解释性和透明性，以提高客户信任度并降低信息不对称造成的影响。

个性化营销在不同行业的应用：比较个性化营销在不同

秒变 AI 论文写作高手

> 行业（例如零售、金融、医疗保健等）的应用案例，分析其成功因素和挑战。
>
> 个性化营销和可持续发展：探讨个性化营销策略如何与可持续发展目标相结合，以减少资源浪费和环境影响。
>
> 这些研究思路可以为你的论文提供新的维度和数据支持，并帮助你深入探讨基于大数据分析的个性化营销策略的各个方面。你可以选择其中一个或多个思路，根据你的兴趣和论文的重点来展开研究。
>
> （以上内容由 ChatGPT 生成。）

ChatGPT 的回答涉及数字营销领域的多个关键问题，每个研究思路都强调了其在数字营销领域的重要性，并提供了一些理论和实证的研究方向。我们可以选择其中适合我们论文主题的研究思路来丰富论文的维度。

如果我们选定了其中一个或多个思路，我们还可以继续要求 ChatGPT 帮我们就该思路进行详细展开并解释相关观点和概念。

用户提问

> 请你从营销领域顶尖专家的角度，对"社交媒体和个性化营销"展开详细论述并解释相关观点和概念。

ChatGPT 回答

> 社交媒体和个性化营销是现代数字营销领域中备受关注

第9章 ChatGPT 与内容润色、语言优化

的话题，顶尖营销专家提出了许多重要观点和概念。以下是一些社交媒体和个性化营销领域的重要观点和概念。

社交媒体的崭露头角：顶尖营销专家普遍认为，社交媒体已经成为个性化营销的关键平台之一。社交媒体提供了与消费者直接互动的机会，使品牌能够更好地理解他们的目标受众，并提供个性化的内容和产品建议。

内容的王者：专家们强调，在社交媒体上发布高质量、有价值的内容至关重要。个性化营销需要根据消费者的兴趣和需求提供内容，这就要求品牌不仅要了解消费者，还要创造引人注目的内容，以吸引他们的注意力。

数据驱动的个性化：顶尖营销专家坚信，数据是个性化营销的关键。通过收集和分析消费者数据，品牌可以更好地了解他们的消费行为、消费偏好和消费历史，从而提供更精准的个性化产品和服务。

隐私和透明性：专家们关注个性化营销的隐私和透明性问题。他们认为，品牌必须明确告知消费者他们如何使用其数据，并提供可选择的控制选项。透明性有助于建立信任，减少数据隐私担忧。

实时反馈和互动性：个性化营销需要企业与消费者进行实时互动。专家们强调，企业在社交媒体上积极参与并回应消费者的反馈和问题是建立信任关系和提供个性化产品和服务的关键。

AI 和机器学习的崭露头角：一些专家认为，人工智能

（AI）和机器学习将在社交媒体和个性化营销中发挥越来越大的作用。这些技术可以帮助品牌更好地分析和预测消费者行为，从而更好地满足其需求。

社交影响力：社交媒体上的社交影响力也备受关注。专家认为，寻找与品牌相关的社交媒体影响者并与之合作可以帮助品牌更广泛地传播个性化内容，并增加影响力。

总的来说，社交媒体和个性化营销已经成为数字营销领域的核心策略之一。通过有效地结合数据分析、内容创作，提高互动性和透明性，品牌可以在社交媒体上建立强大的线上存在，并为消费者提供有价值的、个性化的产品和服务。这些观点和概念为了解和实践社交媒体和个性化营销的重要性提供了有益的指导。

（以上内容由ChatGPT生成。）

ChatGPT的回答从顶尖营销专家的角度提供了关于社交媒体和个性化营销的重要观点和概念，强调了高质量和有价值的内容在社交媒体上的重要性、数据驱动的关键作用及AI和机器学习在个性化营销中的潜力等。这些观点为论文写作者补充了论证维度。但在写作过程中，论文写作者仍然要根据论文的主题进行选择。

【让维度更好】

使用ChatGPT补充论文维度时，我们可以根据研究主题和需要做出最优选择，包括引入新的观点或理论、提供更多的数据支持、引入案例研究、深化讨论、引入反驳观点、扩展研究方法、引用最新研究等。

第9章 ChatGPT与内容润色、语言优化

确定需要扩充的维度后,向ChatGPT发起提问来构建新维度,问题要尽量明确、具体和清晰。

示例1:我如何才能扩展我的论文的研究方法部分,以更全面地探讨我的研究问题?

示例2:我正在撰写关于市场趋势的论文,你能为我提供一些新的维度或观点来丰富我的研究吗?

示例3:我需要增加一些实际案例或数据来支持我的论文观点,你可以提供一些数据来源或案例研究的建议吗?

示例4:我想扩展我的文献综述部分,以涵盖更多相关文献,你可以提供一些关于如何查找和选择适当文献的建议吗?

示例5:我需要在我的论文中添加一些新的章节或主题,你能为我提供一些关于如何构思这些章节或主题的方法吗?

示例6:我需要更多的定量分析来支持我的论文,你可以推荐一些适合我的数据分析方法吗?

示例7:我想探讨我的论文研究的长期影响,你可以提供一些关于如何进行长期影响分析的建议吗?

这种提问方式可以让ChatGPT明确我们的需求,知道我们正在寻找哪种类型的帮助,可以为我们提供更具体和有针对性的指导和建议,也能避免不必要的解释或讨论,为我们节省更多时间。

第10章 ChatGPT与论文投稿、审稿

10.1 ChatGPT 在论文投稿和期刊选择中的应用

10.1.1 用 ChatGPT 进行目标期刊的选择与了解

对科研工作者来说，发表论文时如何挑选合适的期刊总是让人烦恼。如果你不知道自己的论文可以投稿哪些期刊，可以让 ChatGPT 帮忙挑选与我们论文有关的期刊，ChatGPT 会进行自动化查询和信息收集，可以节省很多时间，大大提高效率。

用户提问

> 我正在研究关于"区块链技术在供应链管理中的应用研究"的论文，请你帮我选择影响因子在 8～15 分的 10 个期刊。

ChatGPT 回答

> 根据您的研究主题，以下是一些影响因子在 8～15 分的期刊，适合发表关于区块链技术在供应链管理中的应用研究。
>
> *International Journal of Production Economics*（《国际生产经济学杂志》）
>
> 这个期刊在供应链管理和生产经济学领域具有很高的影响因子，是一个适合发表与供应链和区块链相关的研究的期刊。
>
> *Journal of Business Logistics*（《商业物流杂志》）
>
> 这个期刊涵盖了供应链管理、物流和区块链技术的研究领域，是一个合适的选择。

Supply Chain Management: An International Journal（《供应链管理：国际杂志》）

该期刊聚焦于供应链管理研究，包括新技术的应用，如区块链。

International Journal of Physical Distribution & Logistics Management（《国际物流与分销管理杂志》）

这个期刊关注物流和供应链管理，特别是新技术和创新的应用。

Journal of Supply Chain Management（《供应链管理杂志》）

这个期刊涵盖了供应链管理领域的各种主题，包括新技术和区块链应用。

Blockchain: Research and Applications（《区块链：研究与应用》）

如果您希望将研究重点放在区块链技术本身，这个专门研究区块链的期刊可能是一个合适的选择。

International Journal of Information Management（《国际信息管理杂志》）

这个期刊关注信息管理和技术应用，适合发表关于区块链技术在供应链中的信息管理方面的研究。

Expert Systems with Applications（《应用专家系统》）

这个期刊涵盖了各种信息技术和应用领域，适合发表区块链技术在供应链管理中的应用方面的研究。

Journal of Cleaner Production（《清洁生产杂志》）

> 如果您的研究还涉及区块链在可持续供应链管理方面的应用,这个期刊可能适合您。
>
> **Computers in Industry**(《工业计算机》)
>
> 如果您的研究涉及区块链技术在工业和供应链中的应用,这个期刊可能适合您的研究。
>
> (以上内容由 ChatGPT 生成。)

ChatGPT 的回答是基于我们的研究主题的相关性和适切性而给出的。这些期刊在供应链管理、区块链技术和相关领域具有一定的影响力,但并没有限制"影响因子在 8~15 分",所以对 ChatGPT 的回答我们要进行甄别,判断其是否符合我们的要求,如果不符合要求,我们就要向它提更具体的要求。此外,ChatGPT 的回答只是给出建议,最终选择期刊时,我们要考虑期刊的发表政策、审稿流程以及与我们研究主题相关的特定要求。

【让选择更好】

如何让 ChatGPT 帮我们更精准地选择目标期刊

首先,可以询问 ChatGPT 有关期刊的影响力、出版周期、审稿程序、录用稿件比率,以及稿件来源等信息,以了解期刊的整体情况和特点。例如,"你能帮我找到影响因子高于 ×× 的关于 ×× 领域的期刊吗"或者"你能提供关于 ×× 期刊的审稿程序和录用稿件比率的信息吗"。

其次,ChatGPT 可以根据研究领域、研究方向以及论文的特定要求来推荐合适的期刊。

示例 1:我是一名研究 ×× 领域的学者,我的论文是关于

××的，你能推荐几个适合我发表论文的期刊吗？

示例2：我正在研究关于××主题的论文，您能为我推荐一些相关领域的期刊吗？

示例3：我希望发表一篇关于××主题的论文，请问有哪些期刊适合这个主题？

再次，ChatGPT还可以帮助用户了解目标期刊对论文格式的要求。用户可以询问，"你能告诉我××期刊的论文格式要求吗"或者"我应该如何准备我的论文以符合××期刊的要求"。

最后，ChatGPT还可以帮助用户评估论文的质量并提供修改建议。例如，"你能帮我评估我的论文质量并提供修改建议吗"或者"你觉得我的论文适合发表在哪些期刊上"。

通过使用ChatGPT进行目标期刊的选择和了解，用户可以更快速、准确地找到适合发表论文的目标期刊，提高论文发表的成功率。

10.1.2 用ChatGPT进行论文期刊适合性评估

在进行论文期刊适合性评估时，我们可以通过与ChatGPT交互，更加全面地评估论文期刊的适合性，从而选择合适的期刊发表论文，提高其学术价值和影响力。

用户提问

> 我正在研究人工智能在医疗领域的应用，我想知道哪些期刊适合发表这方面的论文。

ChatGPT 回答

> 对于您的问题,您正在研究人工智能在医疗领域的应用,以下是一些可能适合发表这种类型论文的期刊,您可以考虑查看它们的投稿要求和审稿政策。
>
> Journal of Medical Internet Research(《医学互联网研究杂志》JMIR)
>
> JMIR 专注于数字医疗领域,包括健康信息技术和电子健康记录方面的研究。
>
> Artificial Intelligence in Medicine(《医学人工智能》)
>
> 这个期刊专注于医疗领域中人工智能和机器学习的应用,是一个很好的选择。
>
> IEEE Journal of Biomedical and Health Informatics(《IEEE 生物医学与健康信息学杂志》)
>
> IEEE JBHI 涵盖了生物医学工程和信息技术的交叉领域,适合涉及医疗应用的人工智能研究。
>
> Medical Image Analysis(《医学图像分析》)
>
> 如果您的研究涉及医学图像处理和分析,这个期刊可能是一个理想选择。
>
> International Journal of Artificial Intelligence in Medicine(《国际医学人工智能杂志》)
>
> 这个期刊聚焦于医学中人工智能技术的应用,包括临床决策支持系统等方面。
>
> 以上期刊在医疗领域中都有很高的声誉,并且常常发表

> 与人工智能应用相关的论文。然而,还请务必查看它们的投稿指南以确保您的论文符合要求。另外,您也可以考虑与导师或同事讨论,以获取更多有关期刊选择的意见。希望这些建议对您有所帮助!如果您需要更多信息或有其他问题,请随时提问。

ChatGPT 的回答提供了一些适合发表医疗领域人工智能应用论文的期刊,这些信息对于寻找合适期刊的用户来说是有用的起点;但没有提供详细介绍或比较,因此,需要我们进一步查询信息才能做出决策。

选择期刊是一个复杂的过程,需要考虑多个因素,包括审稿政策、影响因子、目标读者等。ChatGPT 的回答只是一个起点,提供了一个有用的指导方向,但在期刊选择方面我们还需进行更深入的研究和决策。

【让评估更好】

(1) ChatGPT 如何让评估更好

ChatGPT 可以快速准确地收集和分析大量的期刊信息。

ChatGPT 会根据论文的主题和研究领域,自动匹配适合的期刊出版领域。

ChatGPT 会考虑期刊受众和传播效果,从而更好地选择适合用户的期刊。

ChatGPT 可以提供推荐建议,帮助作者选择适合自己的期刊发表论文,从而提高论文的引用率和影响力。

（2）ChatGPT 如何评估论文期刊适合性

首先，ChatGPT 可以帮助我们确定论文的主题和研究领域，以便我们能够针对性地筛选适合的期刊。

其次，ChatGPT 可以收集和分析期刊的信息，例如期刊的出版周期、出版领域、审稿过程、影响因子等，从而让我们更加全面地了解期刊的特点和要求。

最后，ChatGPT 还可以匹配论文的研究方向和期刊的出版领域。通过对比论文的研究内容和期刊的出版领域，我们可以更好地了解期刊对于论文的适合程度。

值得注意的是，我们可以接受 ChatGPT 提供的建议，但不可完全依赖它。只有将 ChatGPT 的建议与自己的研究和领域知识相结合，才能做出正确决策。

10.2　用 ChatGPT 应对论文审稿意见和修改要求

10.2.1　用 ChatGPT 处理审稿意见和建议

ChatGPT 在处理论文审稿意见和建议中具有广泛的应用潜力。它可以帮助用户快速整理、分析和回应审稿人的建议，提供修改建议和写作指导，从而有效提高论文质量。

> 用户提问

> 我希望能够通过您的帮助来处理我的论文审稿意见和建议。以下是我需要您协助的具体情况。
> 1. 请帮我归纳审稿人的问题，具体问题（问题此处略）。

2. 请帮我提供回答审稿人问题的思路。

ChatGPT 回答

审稿人的问题可以归纳如下。

引言部分:

审稿人关注引言部分的问题陈述是否足够清晰明了,是否能够准确描述区块链在供应链管理中的重要性和潜在价值。

文献综述:

审稿人提出关于文献综述的问题,希望看到更深入的分析和更多的区块链在供应链管理中的具体应用案例,以支持文献综述部分的内容。

研究方法:

审稿人关注研究方法部分的细节,特别是关于实证分析的方法、数据来源和实证分析工具的信息,以确保方法的透明度和可重复性。

结果与讨论:

审稿人建议在结果与讨论部分使用表格和图形来更好地展示实证分析的结果,以增强可视化效果。

审稿人也提到需要更深刻的讨论,包括如何将研究结果与已有文献联系起来,以及这些结果对供应链管理领域的实际影响。

在回答审稿人的问题时,您可以采取以下思路来构建回应。

引言部分的问题:

回应审稿人关于引言部分的问题时,应强调您的研究问题的重要性,并提供更多背景信息,以确保引言部分能够清晰地描述您的研究动机和价值。您可以列举一些实际案例或数据,突出区块链在供应链管理中的应用潜力。

文献综述的问题:

针对审稿人指出的文献综述的问题,您可以扩展文献综述部分,特别是要增加关于区块链在供应链管理中的具体应用的案例。引用更多相关研究,特别是那些涉及供应链透明度、安全性等方面的研究,以支持文献综述的内容。

研究方法的问题:

对于审稿人提出的关于研究方法的问题,您可提供更详细的信息,包括数据来源、数据收集方法和实证分析工具等细节。确保方法的透明度,以使其他研究人员能够重复您的研究。

结果与讨论的问题:

针对审稿人的建议,您可使用表格和图形来可视化实证分析的结果,以更好地展示数据和趋势。在讨论部分,深入分析研究结果,将它们与已有文献联系起来,探讨它们对供应链管理领域的实际影响。可以考虑引入更多实际案例支持讨论。

结论的问题:

> 在结论部分,再次强调您的研究的贡献,并指出未来研究方向。确保结论部分与整篇论文一致,突出研究的重要性。
>
> 参考文献的问题:
>
> 最后,检查并确保参考文献的格式和引用符合期刊的要求。确保每一篇引用的文献都与论文中的相关内容一致。
>
> 在回应审稿人时,要清晰、有条理地回答每个问题,并提供详细的信息和支持材料。这有助于增加审稿人对您论文修改的信心,提高被接受并发表的机会。
>
> (以上内容由 ChatGPT 生成。)

ChatGPT 提供的思路还是挺清晰的,当然也有局限性,毕竟 ChatGPT 只读了摘要,具体的细节还需要我们自己添加进去才行。

【让处理更好】

首先,明确我们希望 ChatGPT 完成的具体任务,是整理审稿意见、提供修改建议、撰写回应审稿人的信函,还是其他方面。

其次,提供相关信息,包括论文内容、审稿意见、审稿人的建议以及任何与我们请求相关的详细信息。这有助于 ChatGPT 更好地理解我们的需求。

最后,提出具体要求,可以分段详细描述。

(1)任务概述

示例:我需要你协助整理审稿意见,提供修改建议,并帮我撰写回复审稿人的信函。

(2)论文和审稿意见

示例:我已将我的论文附上,以及三位审稿人提供的审稿意见和建议。您可以在以下附件中找到这些文件（附件链接）。

（3）明确截止日期

示例：期刊要求我在一个月内回应审稿意见，因此，如果可能，请尽快提供协助。

（4）特殊要求

示例：我希望回复审稿人的信函能够保持专业、客观，并清晰地解释我对每个建议的立场和修改计划。

（5）特定问题

示例：我对第二位审稿人提出的方法部分的建议有些困惑，希望您能够帮助我厘清这部分。

10.2.2 用 ChatGPT 修改论文和回复审稿意见

在论文的修改和审稿意见的回复过程中，ChatGPT 也能够发挥重要的辅助作用，它能够快速地找到问题所在，并提供逻辑清晰、表达准确的回答。还可以帮助我们检索相关数据和实验步骤，提出改进建议，并给出有效的反馈。这样，我们就可以更好地理解审稿人的意见，有针对性地进行修改和回复。

用户提问

> 我需要你帮助我修改论文中的文献综述部分，以提高其清晰度和流畅度。以下是需要修改的内容。
> "区块链技术是一种去中心化的分布式数据库技术，可以记录和跟踪供应链中的所有交易。通过对区块链技术的梳理和评价，我们发现先前的研究主要集中在区块链技术在供应

> 链管理中的应用、供应链的透明度和安全性问题以及区块链技术的未来发展等方面。然而,这些研究大多数是初步的探索,没有深入分析区块链技术在供应链管理中的具体应用和实际效果。"

ChatGPT 回答

> 下面是修改后的文献综述部分,旨在提高清晰度和流畅度。
>
> 区块链技术是一种去中心化的分布式数据库技术,被广泛应用于记录和追踪供应链中的各类交易。
>
> 对区块链技术的详尽审视揭示出,以往的研究主要集中在区块链技术在供应链管理领域的应用、供应链透明度与安全性等核心问题,以及对区块链技术未来发展前景的探讨。然而,这些研究大多仅限于初步探索,未能深入探讨区块链技术在供应链管理中的具体应用以及其实际效果。
>
> 这个修改后的文献综述部分在表述上更加清晰,同时使用了更流畅的语言,以更好地传达你的观点。如果你有任何其他修改或进一步的要求,请随时告诉我。
>
> (以上内容由 ChatGPT 生成。)

修改后的文献综述部分在表述上更加清晰,同时使用了更流畅的语言,以更好地传达论文写作者的观点。但仍然可以进一步优

化,以提高其效果。使其更具吸引力和信息价值。

用户提问

我需要你协助我回复审稿人关于数据分析部分的建议。

ChatGPT 回答

尊敬的审稿人:

感谢您对我的论文提出宝贵的意见和建议。我非常感激您的专业反馈,这对于提高我的研究质量至关重要。

关于您提到的数据分析部分的建议,我非常重视并已经采纳了一些重要的修改,以提高论文的准确性和可信度。具体如下。

增加数据可视化:您建议我在数据分析部分增加更多的表格和图形以支持我的发现。我已经根据您的建议添加了数据可视化内容,以更清晰地呈现我的结果。这将有助于读者更好地理解我的数据分析过程和结果。

解释数据清洗方法:您提到我应该更详细地解释数据清洗方法。我已经对数据清洗步骤进行了更详细的描述,并包括了更多的信息,以便其他研究人员可以复制我的方法。

数据分析结果的解释:您建议我更深入地解释数据分析结果。我已经对论文中的数据分析部分进行了修改,以提供更全面的结果解释和相关的统计分析。

此外,我也认真考虑了您提到的其他建议,以确保我的

> 论文在数据分析方面更为完善。
>
> 再次感谢您的审稿工作,我会在最终版本中反映您的宝贵意见,并期待您对最终的论文成果提供进一步的指导。如果您还有其他问题或需要进一步的澄清,请随时与我联系。
>
> 诚挚的问候
>
> ×××(你的名字)
>
> ×××(你的联系信息)
>
> (以上内容由 ChatGPT 生成。)

ChatGPT 的回答对审稿人的意见进行了清晰、有条理的回应,回应得比较全面,态度积极,说明论文写作者认真对待并接受了审稿人的建议,具有较高的可参考性,我们只需根据需要进行微调即可使用。

通过以上几个问答示例的展示,我们可以直观地感受到 ChatGPT 在论文修改和回复审稿意见中的强大作用,它可以帮助我们更有效地回复审稿人的意见和建议,提高论文的质量,并促进学术交流和合作。

【让修改更好】

(1)自动修改建议

向 ChatGPT 提供审稿意见后,ChatGPT 会根据审稿意见和具体问题,提供即时的修改建议。此外,我们还可以向 ChatGPT 提供审稿人的反馈,然后获取句子重组、语法修正和文本改进等方面的建议。

（2）解释和理解

ChatGPT 还可以用于解释审稿意见。我们可以向 ChatGPT 提问，以更好地理解审稿人的建议。

示例 1：审稿人建议我提供更多的支持性证据，你认为我可以在哪些地方添加更多引用？

示例 2：审稿人希望我在论文中加入一些文献引用，你能帮我找到相关的引用吗？

示例 3：针对审稿意见中指出的研究视角不够全面这一问题，你有什么建议可以帮助改进？

通过类似的问答，ChatGPT 可以提供更详细的指导，帮助我们更好地理解问题并制订相应的修改计划。

（3）整合审稿意见

ChatGPT 可以帮助我们整合来自多个审稿人的意见和建议，以确保论文的修改在整体上是前后一致和有逻辑的。

除此之外，我们还可以通过与 ChatGPT 交互问答的形式讨论审稿人的意见，这样有助于针对这些问题更好地解释论文的观点并回应审稿人的疑问。

【让回复更好】

在回复审稿意见时，ChatGPT 可以帮助我们编写清晰、有条理的回复，协助我们总结对论文所做的修改，解释修改的理由，并展示对审稿人意见的积极回应，以确保与审稿人之间的沟通是积极的和有建设性的。